会社別就活ハンドブックシリーズ

2025

住友商事の
就活ハンドブック

就職活動研究会 編
JOB HUNTING BOOK

は じ め に

2021年春の採用から，1953年以来続いてきた，経団連（日本経済団体連合会）の加盟企業を中心にした「就活に関するさまざまな規定事項」の規定が，事実上廃止されました。それまで卒業・修了年度に入る直前の3月以降になり，面接などの選考は6月であったものが，学生と企業の双方が活動を本格化させる時期が大幅にはやまることになりました。この動きは2022年春そして2023年春へと続いております。

また新型コロナウイルス感染者の増加を受け，新卒採用の活動に対してオンラインによる説明会や選考を導入した企業が急速に増加しました。採用環境が大きく変化したことにより，どのような場面でも対応できる柔軟性，また非接触による仕事の増加により，傾聴力というものが新たに求められるようになりました。

『会社別就職ハンドブックシリーズ』は，いわゆる「就活生向け人気企業ランキング」を中心に，当社が独自にセレクトした上場している一流・優良企業の就活対策本です。面接で聞かれた質問にはじまり，業界の最新情報，さらには上場企業の株主向け公開情報である有価証券報告書の分析など，企業の多角的な判断・研究材料をふんだんに盛り込みました。加えて，地方の優良といわれている企業もラインナップしています。

思い込みや憧れだけをもってやみくもに受けるのではなく，必要な情報を収集し，冷静に対象企業を分析し，エントリーシート作成やそれに続く面接試験に臨んでいただければと思います。本書が，その一助となれば幸いです。

この本を手に取られた方が，志望企業の内定を得て，輝かしい社会人生活のスタートを切っていただけるよう，心より祈念いたします。

就職活動研究会

Contents

第1章

住友商事の会社概況

会社によって選考方法は千差万別。面接で問われる内容や採用スケジュールもバラバラだ。採用試験ひとつとってみても，その会社の社風が表れていると言っていいだろう。ここでは募集要項や面接内容について過去の事例を収録している。

また，志望する会社を数字の面からも多角的に研究することを心がけたい。

✔ 経営理念

住友商事グループの価値判断のよりどころは，「住友商事グループの経営理念・行動指針」にある。

住友商事グループの「経営理念」は，住友400年の歴史に培われた「住友の事業精神」をベースに，今日的かつグローバルな視点を加えて，平易かつ体系的に整理し直したものです。「行動指針」は，「経営理念」を実現するための企業および役員・社員の日常の行動の在り方を定めたガイドラインです。

「経営理念」に掲げているように，住友商事グループの社会的使命は，健全な事業活動を通じて，株主，取引先，地域社会の人々，そして社員も含め，世界中の人々の経済的・精神的な豊かさと夢を実現することであると考えています。また，個々人の人格を尊重し，「住友の事業精神」の真髄である「信用を重んじ確実を旨とする」という経営姿勢を貫き，一人一人の主体性，創造性が発揮され，改革と革新が不断に生み出されるような企業文化を大切にしています。

私たちは，「経営理念」や「行動指針」に示された価値基準をグループ内で共有し，個々の事業活動において実践することで，常に変化を先取りして新たな価値を創造し，広く社会に貢献するグローバルな企業グループを目指します。

■住友商事グループの経営理念・行動指針
目指すべき企業像

私たちは，常に変化を先取りして新たな価値を創造し，広く社会に貢献するグローバルな企業グループを目指します。

■経営理念

経営理念　健全な事業活動を通じて豊かさと夢を実現する。

経営姿勢　人間尊重を基本とし，信用を重んじ確実を旨とする。

企業文化　活力に溢れ，革新を生み出す企業風土を醸成する。

■行動指針

住友の事業精神のもと，経営理念に従い，誠実に行動する。
法と規則を守り，高潔な倫理を保持する。
透明性を重視し，情報開示を積極的に行う。
地球環境の保全に十分配慮する。
良き企業市民として社会に貢献する。
円滑なコミュニケーションを通じ，チームワークと総合力を発揮する。
明確な目標を掲げ，情熱をもって実行する。

✔ 会社データ

設立年月日	1919年12月24日 沿革
代表者	代表取締役 社長執行役員 CEO　兵頭 誠之
資本金	2,204億円
上場取引所	東京
事業所数	128拠点（日本20拠点　海外108拠点）/ 65カ国・地域
本社	〒100-8601 東京都千代田区大手町二丁目3番2号 大手町プレイス　イーストタワー TEL：03-6285-5000（代表）
社員数	5,196*人（連結ベース79,513人） * 海外支店・事務所が雇用する従業員135人を含みます。
連結対象会社数	連結子会社：649社（日本142社　海外507社） 持分法適用会社：251社（日本50社　海外201社）
主な事業内容	全世界に展開するグローバルネットワークとさまざまな産業分野における顧客・パートナーとの信頼関係をベースに、多様な商品・サービスの販売、輸出入および三国間取引、さらには国内外における事業投資など、総合力を生かした多角的な事業活動を展開しています。

2023年9月30日現在

✔ 仕事内容

金属事業

鋼材・鋼管からアルミまで様々な金属製品のグローバルなバリューチェーンを構築し、地域と産業の発展に貢献しています。

当社は、鋼材・鋼管などの鉄鋼製品からアルミ・チタンなどの非鉄金属まで幅広く金属製品を取り扱っています。金属製品は自動車・船舶・航空機・鉄道用車両などの輸送機や家電・OA製品、石油や天然ガスの採掘と輸送に用いられる油井管やパイプラインなど、さまざまな用途に使用され、われわれの生活を支えています。自動車市場では軽量化やEV化に対応し、素材や部品製造にまでバリューチェーンを拡大しています。エネルギー市場では主要メジャーと長期契約を締結し油井管の安定供給に貢献するとともに、グローバルネットワークを通じて質の高いサービスを提供しています。

輸送機・建機事業

輸送機および建機ビジネスを通じて、グローバルに需要が高まる社会インフラの構築、技術革新で広がる新たな価値創造に取り組んでいきます。

リース・船舶・航空宇宙分野では、船舶事業や世界トップクラスの航空機リース事業に取り組むとともに、当社グループの国内大手リース・ファイナンス会社に商社機能を融合させることで、さらなる価値創造を目指します。自動車分野では、自動車・タイヤ業界のバリューチェーンを俯瞰し、次世代のモビリティ社会を見据えつつ川上から川下まで幅広くグローバルな事業展開を推進していきます。建設機械分野では、各種インフラ建設や鉱山開発、農業の発展に寄与するため、質の高い顧客サービスを提供する販売代理店事業やレンタル事業およびトレードをグローバルに展開します。

インフラ事業

国・地域・社会のニーズに応えたグローバルなインフラ事業を通じて、地球環境との共生および地域社会・産業の発展に貢献します。

電力・水・鉄道など人々の生活を支える基幹インフラの整備、工業設備トレー

ドや工業団地の開発・運営などの産業インフラビジネス、国内における電力卸・小売事業、多様な商材を対象とした物流・保険サービスなど、それぞれの市場ニーズに応じたインフラ事業を通じて地域社会や産業の発展に寄与しています。また国内外における風力や太陽光、地熱、バイオマスといった再生可能エネルギー発電事業のほか、蓄電池を活用したエネルギーマネジメント事業など、環境配慮型インフラ整備に注力し、持続可能な社会の実現に貢献します。

メディア・デジタル事業

メディア・デジタルビジネス・スマートプラットフォーム分野における、質の高い商品やサービスの提供を通じて、快適で心躍る暮らしの基盤づくりと多様なアクセスの構築に貢献しています。

メディア分野では、日本最大のケーブルテレビ事業であるジュピターテレコム、テレビ通販事業のジュピターショップチャンネルに加え、成長が見込まれるデジタルメディア関連事業に取り組み、収益基盤の強化を進めます。デジタルビジネス分野では IT サービス事業を展開する SCSK との一体運営により住友商事グループ全体の ICT プラットフォームの機能強化を図り、デジタルトランスフォーメーションを加速させます。また、ベンチャー投資を通じて先進テクノロジーを取り込み、全社のイノベーションを推進します。スマートプラットフォーム分野では携帯電話販売事業のティーガイアやミャンマーでの携帯通信事業等を中心に、国内外での各種事業の拡大、およびスマート社会の基盤構築に取り組んでいきます。

生活・不動産事業

リテイル、食料、ヘルスケア、建設資材、不動産分野における、環境に配慮したビジネス、および質の高い商品やサービスの提供を通じて、地球環境との共生や快適で心躍る暮らしの基盤づくりに貢献しています。

リテイル分野では、食品スーパーを中心に消費者の多様な価値観を捉えるリテイル関連事業を展開しています。食料分野では、青果や食肉を中心とした生鮮流通・加工事業の拡大と、穀物・油脂、砂糖などの食品原料事業における安定した事業基盤づくりを目指します。ヘルスケア分野では、ドラッグストアなど

に加え、マネージドケアなどのヘルスケア事業を展開しています。建設不動産
分野では、セメントなどの建設資材の販売、国内でのオフィスビルや商業施設、
住宅、Build to Suit 事業（オーダーメイド型開発）、物流施設、不動産ファ
ンド事業などを柱とし、米国やアジア地域を中心とした海外事業にも積極的に
取り組んでいきます。

資源・化学品事業

**資源・エネルギー、化学品・エレクトロニクスの安定供給を通じて、地球環境
の保全および地域と産業の豊かで持続的な発展に貢献しています。**

あらゆる産業の基礎となる貴重な鉱物・エネルギー資源を確保し、トレードビ
ジネスを通じて、バリューチェーンの拡充やデリバティブ機能を活用した多様
なビジネスを展開しています。 基礎化学品、電子材ではトレードと製造の両
輪体制により、高度化する顧客のニーズに対応しています。ライフサイエンス
においては、高い専門性とグローバルな事業展開をし、豊かな暮らしの基盤づ
くりに貢献しています。

✔ 先輩社員の声

他人任せじゃなく，自分の手で，
環境問題を解決したい。

【海外環境エネルギー事業部／ 2016 年入社】
高校生の頃に観た 1 本のドキュメンタリー映画がきっかけで志した，地球環境の保全。
働きはじめるよりもずっと前から，地球環境の改善に関わりたいという思いがありました。

きっかけは，高校の総合学習の時間に観た環境ドキュメンタリー映画『不都合な真実』。作中，熱波によって何万人もの方が亡くなっているという話が出てきました。戦争や飢餓，病気ではなく，ただの気候に人の命が奪われていることが衝撃的で。海外の作品ではありましたが，そこで語られていたのは日本も含めた地球規模の問題。他人事だとは思えなくて，それ以来，環境問題の解決に興味を持つようになりました。

その後，学部，大学院で環境保全に関する研究に取り組みました。インドネシアの森林焼失を，衛星写真や現地でのフィールド調査で測定していました。研究自体は性に合っていたのですが，同時にもどかしさも感じていました。私がしていた研究でできるのはデータを集めるところまでで，その先のどんな改善策を取っていくのかという部分は，また別の誰かに任せるしかなかったからです。

そう考えたとき，頭に浮かんだのが総合商社の再生可能エネルギービジネス。先進国，途上国を問わずに世界中の国を相手に環境に優しいクリーンなエネルギーを普及しているという仕事が魅力的に感じました。

マニュアル化できない仕事だから，与えられた範囲を超えて，自分の頭で考える力を磨く。
考慮すべきことのリストがあればいいのですが，そんな便利なものはなく，何をすべきなのかというところから，自分で考えなくてはいけません。上司や先輩と一緒になって答えのない問題に取り組み，考える機会を与えてもらうことで，鍛えられているとも感じています。

マニュアル化できない部分の多い仕事ですから，自分で判断する経験を積ませようとしてくれていると。実際，上司は物事を考える時，与えられた条件のなかで実現できるかどうかを判断するだけではなく，そこからどんな条件を加えればできるようになるのか，そのためにはどうすればよいのかまで考えています。

仕事をするなかで，今まで知らなかった各国の事情を学べたり，最先端技術を知ったりというダイナミックな面もあれば，集めた情報を元に何度も計算を重ねてリスクを潰していく地道な面もあります。その両方が，自身の手で環境保全に貢献するという目標につながっていると感じています。

環境に優しい発電所だからどんどん建てればいいわけでは当然なくて，建てた後もしっかりと継続させていかなければ本当の意味での環境保全にはなりませんから。「住商に再エネあり」と言われることを目指して邁進します。

✔ 募集要項

掲載している情報は過去ものです。
最新の情報は各企業のHP等を確認してください。

募集予定職種	プロフェッショナル職
応募条件	1. 2024年3月までに四年制大学または大学院（修士・博士）を卒業・修了もしくは卒業・修了見込みであること。 2. 就労経験（実務経験）がないこと。 3. 採用選考開始時点で当社役員・社員・嘱託社員（再雇用嘱託社員含む）の子ども、兄弟姉妹、配偶者ではない方。
就業場所	東京、大阪、名古屋など　国内および海外（初期配属は原則東京）
勤務時間	スーパーフレックスタイム制度導入 総所定勤務時間（7時間15分×清算期間の営業日数） ※清算期間は毎月1日から同月末日までの1か月間。 　勤務時間が6時間を超える場合は、休憩1時間。
休日休暇	完全週休2日制（土・日）、祝祭日、年末年始 年次有給休暇、その他各種有給休暇制度有り
時間外労働	有り
処遇	初任給 学卒：305,000円　院了：340,000円 ※2024年4月入社者より適用
受動喫煙 防止措置状況	就業場所　全面禁煙 オフィス内は禁煙、喫煙所の設置なし。 ただし、オフィスが入居しているビル施設内に喫煙所あり。
社会保険制度	健康保険、厚生年金保険、雇用保険、労災保険など
制度	終身年金制度、従業員持株会制度、選択型福利厚生制度（カフェテリアプラン）、産前産後欠勤（産前6週間、産後8週間）、育児休職制度、介護休職制度、高度医療見舞金制度など社員一人ひとりの、仕事を含めた生活全体の充実に資するようなワークライフマネジメント施策を推進しています。
施設	独身寮，社宅，研修所
諸手当	通勤費（原則として全額支給），時間外勤務手当など
賞与	年2回（6月，12月）

✔ 採用の流れ (出典：東洋経済新報社『就職四季報』)

エントリーの時期	【総】3～4月
採用プロセス	【総】筆記（3～4月）→面接（複数回）・小論文（6月）→内々定（6月）

採用実績数		大卒男	大卒女	修士男	修士女
	2022年	53 （文：48 理：5）	23 （文：22 理：1）	19 （文：3 理：16）	6 （文：3 理：3）
	2023年	44 （文：35 理：9）	31 （文：27 理：4）	17 （文：2 理：15）	6 （文：1 理：5）
	2024年	44 （文38 理：6）	32 （文：27 理：5）	18 （文：3 理：15）	6 （文：0 理：6）

採用実績校

【文系】
（大学院）神戸大学，一橋大学，ユニバーシティ・カレッジ・ロンドン
（大学）慶應義塾大学，早稲田大学，東京大学，大阪大学，同志社大学，一橋大学，京都大学，神戸大学，上智大学，立教大学，立命館大学，明治大学，名古屋大学，同志社大学，東北大学，東京外国語大学，国際教養大学
【理系】
（大学院）東京大学，東京工業大学，北海道大学，神戸大学，九州大学，京都大学，大阪大学，東北大学，上智大学，筑波大学，スウェーデン王立工科大学
（大学）東京大学，東京工業大学，慶應義塾大学，東北大学，大阪大学，神戸大学，京都大学

✔2023 年の重要ニュース (出典：日本経済新聞)

■住友商事、EV 用レアアースで脱中国　米や東南アに供給網 (2/21)

　住友商事は電気自動車（EV）向けのレアアース（希土類）で、中国抜きのサプライチェーン（供給網）を構築する。これまで精錬などの工程を中国に依存してきたが、米国と東南アジアに切り替える。中国はレアアースの精錬で約 9 割の世界シェアを握る。日本でも地政学リスクへの意識が高まるなか、中国に依存しすぎない供給網の整備が加速してきた。

　住商は米国のレアアースメーカー、MP マテリアルズから EV や風力発電機向けの永久磁石に必要なネオジムとプラセオジムの供給を受けている。これまでは住商が中国の精錬メーカーに販売し、精錬後の製品を中国メーカーが日本に輸出してきた。

　今後は中国メーカーへの販売を順次縮小し、精錬やレアアースごとの分離までの工程を MP マテリアルズが担う。住商はこの後に買い取り、ベトナムやフィリピンなど東南アジアの複数の企業に、分離後のメタル化工程を委託する。

　メタル化後の加工品は日系の永久磁石メーカーに販売する。販売量は計年間3000 トンと日本のネオジムとプラセオジムの総需要の約 3 割に相当する。MP マテリアルズとは対日販売の総代理店契約を結び、一連の供給網組み替えは 7 月ごろに実施する。MP マテリアルズが米政府の補助金などを活用して精錬や分離の工程を担うため、供給網全体での製造コストは中国が工程を担うケースと大差はない。

　米国地質研究所などによると、2022 年時点で中国はレアアースの生産で約 7割、精錬で約 9 割の世界シェアを占める。米中対立の懸念が高まるなか、米バイデン政権は自国内でレアアースの供給網強化を掲げている。

■住商、調剤薬局の薬樹を買収　国内ヘルスケアを強化 (3/31)

　住友商事は 31 日、調剤薬局を展開する薬樹（神奈川県大和市）を買収したと発表した。同日付で薬樹の全株式を取得した。買収額は非公表。買収を通じて同社がもつ調剤事業のノウハウを蓄積し、住商の完全子会社で調剤併設のドラッグストアを手掛けるトモズの運営に生かしたい考え。

　薬樹は 1979 年の設立で、神奈川県や東京都、埼玉県を中心に約 150 店舗の調剤薬局を展開している。病気の予防や、オンラインでの在宅調剤などに取り組

むのが特徴だ。調剤薬局の先進的な取り組みをノウハウとして蓄積している。

　住商は 2021 〜 23 年度の中期経営計画の中で、国内ヘルスケア事業を注力事業の 1 つに位置づける。買収を通じてヘルスケア事業のさらなる拡大を目指す。

■住友商事が CO_2 地下貯留、英国で大型開発　脱炭素加速 （11/16）

　住友商事は二酸化炭素（CO_2）の地下貯留（CCS）事業に参入する。英国で大型権益を取得し、2031 年にも運用を始める。総投資額は非公表だが、数百億円規模とみられる。三菱商事や INPEX もインドネシアで最大 30 億ドル（約4500 億円）で事業化をめざしている。

　CCS は脱炭素対策の切り札の一つで、火力発電所を使いながら CO_2 を削減できる技術として期待が高い。欧米メジャーに比べて日本企業の取り組みは遅れていたが、大規模投資で巻き返す。

　住商はエネルギー企業の英仏ペレンコや英カーボンカタリストと共同で、英国北海南部の枯渇したガス田を開発する。陸地から 50 キロ離れた海中までパイプラインを整備し、英国最大の産業地帯の工場などから排出される CO_2 を海底に貯留する計画だ。

　最大年間 600 万トンまで CO_2 を貯留する方針で、住商は権益の 1 割を取得した。総投資額の権益分を負担する。住商はオーストラリアやアラブ首長国連邦で CCS の事業化に向けた検討を現地企業などと進めていたが、権益を取得するのは英国が初めて。

　CCS は深度 1000 メートル以上が適地とされる。CO_2 を注入するための隙間が多い地層の上に、隙間が少なく CO_2 を通さない地層があることが必要だ。ガス田は適地の可能性が高い。

　住商はペレンコやカーボンカタリストと CCS のノウハウを共有するほか、採算性も検証する。地層の状態なども調べ、29 年までに開発を最終決定する。

✔2022年の重要ニュース （出典：日本経済新聞）

■住商、「サミット」ネットスーパー再参入　店舗出荷型で (1/14)

　住友商事の兵頭誠之社長は日本経済新聞の取材に対し、傘下の食品スーパー「サミットストア」でネットスーパー事業に再参入する方針を示した。2023年3月期中にも店舗から商品を出荷する事業モデルで展開する。競争が激化する中でデジタルトランスフォーメーション（DX）を活用したスーパー事業にかじを切る。店舗拡大へ「M&A（合併・買収）も選択肢に入る」とも述べた。

　住商は09年にサミットのネットスーパー事業を始めたが、想定より販売が伸びず14年に撤退した。ただ、スーパー業界では米アマゾン・ドット・コムなどの台頭で競争が激化し、兵頭社長は「事業拡大には実店舗とデジタルの組み合わせが不可欠」と指摘。「双方で顧客満足度や単価などを分析し、売り上げ増やミドルコスト削減による商品価格の引き下げで競争力を高め、利益を伸ばしていく」と述べた。

　ネットスーパー事業はコスト抑制や店舗データを集約しやすくするため、物流センターを構えない店舗出荷型にする。09年に参入した際は、物流センター出荷型だった。

　サミットでは、実店舗で売れ筋などのデータを人工知能（AI）で分析して需要を予測、集客や収益の増加につなげる取り組みも進める。今後は傘下のドラッグストア、トモズなどのデータとも連携し、様々な生活者データのプラットフォームを構築して新たなサービスを開発する。兵頭社長は「サミットで培ってきたリアル空間のノウハウを軸に、DXを使って顧客拡大や囲い込みを進めていく」と話した。

　スーパー業界では、楽天グループと米投資ファンドの連合による西友の買収や、イオンによる中四国地盤スーパーの買収、関西でも関西スーパーマーケットとエイチ・ツー・オーリテイリング（H2O）傘下スーパー2社との経営統合など大型再編が相次いでいる。小売りの店舗網を拡大するうえで、兵頭社長は「自らの力で店舗数を増やすのも地道にやっていくが、買収も当然選択肢に入る」とM&Aに含みを持たせた。

　海外でも18年からベトナムで食品スーパー「フジマート」を展開しているが、東南アジアなど海外での店舗拡大も進める考え。兵頭社長は「日本に限らず、サミットが持つノウハウを消費・流通サービスの成長ポテンシャルが高い地域に展開し、顧客の範囲を広げていきたい」と強調した。

■住友商事、中古スマホ参入　最短2分でAI「無人」査定（5/6）

　住友商事は中古スマートフォン事業に参入する。カメラを搭載した無人回収機を商業施設などに設置し、画面のひび割れがないかなどを人工知能（AI）が最短2分で査定する。国内の中古スマホ市場は欧米などと比べて出遅れているが、新型スマホの価格上昇や通信回線を自由に選べるようになったことで市場が拡大するとみている。査定や回収の手間を大幅に軽減し、需要をいち早く取り込むことを狙う。

　子会社で携帯電話の販売代理店最大手ティーガイアを通じて、首都圏の商業施設や携帯電話ショップなどで5月から始める。中古スマホ販売店向けの卸売りから始め、将来は全国展開と自社販売も視野に入れる。

　AI搭載の無人回収機でスマホの下取り手続きを大幅に簡素化する。専用アプリをスマホにインストールし動作確認を実施。スマホを6つのカメラで撮影し、AIが2～3分で査定して下取り価格を提示する。

　法律上必要な本人確認は、免許証などをカメラで撮影しスタッフが遠隔で行う。手続きが終わるとスマホは自動的に回収され、電子マネーや銀行振り込みで代金がその場で支払われる。一連の手続きは15分ほどで終わり、全てを無人回収機で完結させるのは国内では初めてとなる。

■住友商事、日本にCVC設立　スタートアップへの出資加速（5/26）

　住友商事はスタートアップ企業に出資するコーポレート・ベンチャー・キャピタル（CVC）を日本に設立した。デジタルトランスフォーメーション（DX）を土台に、小売りやヘルスケア分野に技術をもつ国内の新興企業への出資を加速し、自社の事業領域の強化につなげる。

　新たなCVC「住商ベンチャー・パートナーズ」を設立した。デジタル分野を基盤に小売りや社会インフラ、医療や健康などの分野にも出資をしていく。1件あたりの出資額は1億～5億円を想定する。小売り分野では傘下の食品スーパー「サミットストア」やドラッグストアの「トモズ」ともシナジーを生み出していく考えだ。

　5月はじめにはヨーロッパに設立したCVCを通じ、自動運転などの分野で高度な画像解析技術をもつ英国のスタートアップ企業への出資を発表している。出資額は公表していないが、数億円ほどとみられる。建機の自動運転や遠隔での操作、倉庫内での自動運転ロボットなどに技術を活用していく方針だ。

✔2021年の重要ニュース （出典：日本経済新聞）

■住友商事、船舶向けアンモニア燃料供給で事業化検討（3/10）

　住友商事は10日、コンテナ船最大手のAPモラー・マースク（デンマーク）など海外5社と、船舶向けのアンモニア燃料の供給網の構築で連携すると発表した。世界最大の船舶燃料拠点であるシンガポール港で事業化に向けた検討を始める。アンモニア燃料を専用船で運び、国際海運向けの大型コンテナ船などの燃料として海上で供給する仕組みをつくる。

　肥料大手のヤラ・インターナショナル（ノルウェー）のほか、香港の船舶管理会社やシンガポールの造船会社、デンマークの研究機関が加わる。アンモニアは燃焼時に二酸化炭素（CO_2）を排出しないため、水素と並ぶ次世代燃料として注目されている。超低温で液化する必要がある水素と比べて、アンモニアは輸送しやすい利点がある。

　事業化に向け、アンモニアの製造から専用船の開発や貯蔵・供給に至るまで一連のサプライチェーン構築を検討する。アンモニア燃料を船から船へ直接供給する方式は世界で初めて。太陽光発電など再生可能エネルギー由来の電気を使ったCO_2フリーのアンモニアの活用も目指す。

　国際海事機関（IMO）は2050年にも国際海運分野からの温暖化ガス排出量を08年比で半減させる方針を示している。海運業界の脱炭素に向けた取り組みが加速している。

■住商、脱炭素へ新組織　水素や蓄電池事業を集約（3/16）

　住友商事は16日、脱炭素関連で次世代事業を創出する専門組織を新設すると発表した。水素や蓄電池、バイオマス燃料事業など各部門に分散していたチームや案件を集約する。組織横断型にすることで、イノベーションにつながる意思決定を早くする。成長分野として新組織に経営資源を投入し、収益基盤に育てる。

　4月に新組織「エネルギーイノベーション・イニシアチブ（EII）」を設立する。資源・化学品やインフラ事業部門などから水素や蓄電池、森林事業などを手掛ける部署やプロジェクトを集め、連携を模索する。社員数は100人程度となる見通し。副社長の直轄下で新事業への投資判断を行うことで、開発速度を加速させる。

　次世代エネルギーの開発や電力調整、二酸化炭素（CO_2）の回収などを中心に脱炭素に関わる一連のバリューチェーン構築を目指す。発電や資源開発といった

従来の部門ごとの縦割りでは新技術の開発や連携がしにくいという課題から、横断組織が必要と判断した。

　新組織での取り組みは、5月発表予定の新たな中期経営計画のなかで重点施策に据える。世界的なエネルギービジネスの急速な変化に対応するとともに、脱炭素を商機ととらえて事業化を急ぐ。

■住商、アフリカ携帯市場に参入　英ボーダフォンと連携（5/24）

　アフリカ大陸の携帯電話市場に、日本企業が初めて参入する。エチオピア政府が、住友商事と英ボーダフォングループなどの企業連合体の携帯通信事業への参入を認めた。アフリカでは情報の安全保障リスクが指摘される中国企業の通信機器の利用割合が高い。日英連合は人口増加が見込まれる「最後の市場」でビジネスの拡大を狙う。

　連合体は住友商事、ボーダフォングループ、英CDCグループ（旧英連邦開発公社）で構成。共同出資会社を設立する。住友商事の出資比率は3割弱となる見込みだ。日英連合の参入で、NECや富士通など日本製品の採用が期待できる。

　2022年のサービス開始を目指す。基地局整備などの設備投資や運営費といった事業総額は10年間で80億ドル（約8714億円）を超えるとみられる。日本政府が参入を後押しし、米国際開発金融公社（DFC）も資金を融資する方向で検討している。

　エチオピアでは国営のエチオテレコムが固定電話や携帯などの通信事業を独占してきた。同国政府は19年、エチオテレコムの一部民営化と携帯市場の自由化を決めた。

　同国は20年に入札を公示。4月26日に応札期限を迎えていた。2社分の携帯参入枠を設け他企業も応札したが、日英連合だけにライセンスを与えた。アビー首相は「エチオピアに対するこれまでで最大の外国投資となる」とした。

　同国の人口はアフリカで上位の約1億1200万人。携帯普及率は約4割にとどまり、日英連合は成長性が高いと判断した。住友商事とボーダフォンは20年11月に戦略的提携を結んでおり、協業の第1弾となる。電子マネーや教育、医療のIT（情報技術）サービスも視野に入れる。

とにかくOB訪問を繰り返して自分の中でのやりたいことを明確化しましょう

基幹職 2020卒

エントリーシート

・形式：履歴書のみ
・エントリーシート，履歴書なし

セミナー

・選考とは無関係
・服装：リクルートスーツ
・社員の講演を聞き，その後質問タイムという形式が多かった
・模擬面接セミナーが最も印象に残っている

筆記試験

・形式：作文/Webテスト
・課目：英語/数学，算数/国語，漢字
・内容：GAB

面接（個人・集団）

・雰囲気は和やか
・自己紹介，志望動機，学生時代にやってきたこと，壁にぶつかった経験とその時の工夫，小学生時代の自分，商社の中でなぜ住友商事か，自己PR，強みをどのように活かすか，最後に言い残したこと

内定

・通知方法：電話

▶ その他受験者からのアドバイス

・商社に行きたいならば面接対策に力を入れるべき。面接官とのコミュニケーションを楽しめるようになれば，内定の可能性も上がるのではないかと思う

総合職 2015卒

エントリーシート
・Webで記入して送信する形式
・内容は「志望動機」「学生時代に取り組んだこと」「入社してからやりたいこと」「周囲にどのような人物だと言われるか」

セミナー
・選考とは無関係だった
・服装はリクルートスーツ着用

筆記試験
・筆記試験科目は英語／数学，算数／国語，漢字／性格テスト
・Webテストで実施された

面接（個人・集団）
・雰囲気は和やかで回数は2回だった
・質問内容は志望動機など。ほとんど雑談だった

内定
・内定の通知方法は電話だった

不明 2015卒

エントリーシート
・Webで記入して送信する形式
・内容は「志望動機」「学生時代に取り組んだこと」「入社してからやりたいこと」「周囲にどのような人物だと言われるか」

セミナー
・選考とは無関係だった
・服装はリクルートスーツ着用

筆記試験
・科目は英語／数学，算数／国語，漢字／性格テスト

面接（個人・集団）
・雰囲気は和やかで回数は4回だった
・質問内容はなぜ商社を志望するのか，学生時代に頑張ったこと，気になるニュース，お気に入りの本，住友商事の魅力とは，他商社との違いはなど

内定
・内定時には他社の内定や選考を辞退するよう指示された

基幹職 2014卒

エントリーシート

・指定の用紙に手書きで記入
・内容は「成績」「保有資格」「自分の魅力」「どのように働きたいか」

セミナー

・選考とは無関係だった。服装はリクルートスーツ着用
・内容は企業紹介など

筆記試験

・筆記試験形式はテストセンター
・科目は英語 / 数学，算数 / 国語，漢字 / 性格テストだった

面接（個人・集団）

・雰囲気は和やか，回数は4回だった
・内容は弊社である理由，自己PR，学生時代の取り組みについて，世界における日本の魅力は，入社してからやりたい仕事，弊社の展望について，自分のストレス発散法はあるか，これまでの人生で一番悔しかったことはなど

内定

・内定通知方法は電話。他社の選考辞退を指示された

総合職 2011卒

エントリーシート

・指定の用紙に手書きで記入
・内容は「あなたがこれまでの人生において大切にしてきた『軸』と，それを表すエピソードをひとつ教えてください」

筆記試験

・形式はマークシート
・科目は英語／数学，算数／国語，漢字だった
・内容はテストセンターレベルの問題だった

面接（個人・集団）

・雰囲気は和やか，回数は3回だった
・内容は学生時代に力を入れたこと，当社でやりたい仕事，なぜ当社かなどだった

基幹職 2011卒

エントリーシート

・指定の用紙に手書きで記入

・筆記試験時に記入。内容は「人生における軸」

筆記試験

・形式はマークシートとWebテスト

・科目は英語／数学，算数／国語，漢字／性格テストだった

・内容はSPIだった

面接（個人・集団）

・雰囲気は和やか，回数は4回だった

・内容はなぜ商社か，なぜ住友商事か，なぜ鉄鋼部門などだった。人間性を見
　られるような質問が多かった

✔ 有価証券報告書の読み方

01 部分的に読み解くことからスタートしよう

　「有価証券報告書（以下，有報）」という名前を聞いたことがある人も少なくはないだろう。しかし，実際に中身を見たことがある人は決して多くはないのではないだろうか。有報とは上場企業が年に1度作成する，企業内容に関する開示資料のことをいう。開示項目には決算情報や事業内容について，従業員の状況等について記載されており，誰でも自由に見ることができる。

　一般的に有報は，証券会社や銀行の職員，または投資家などがこれを読み込み，その後の戦略を立てるのに活用しているイメージだろう。その認識は間違いではないが，だからといって就活に役に立たないというわけではない。就活を有利に進める上で，お得な情報がふんだんに含まれているのだ。ではどの部分が役に立つのか，実際に解説していく。

■有価証券報告書の開示内容

　では実際に，有報の開示内容を見てみよう。

有価証券報告書の開示内容
第一部【企業情報】
第1　【企業の概況】
第2　【事業の状況】
第3　【設備の状況】
第4　【提出会社の状況】
第5　【経理の状況】
第6　【提出会社の株式事務の概要】
第7　【提出会社の状参考情報】
第二部【提出会社の保証会社等の情報】
第1　【保証会社情報】
第2　【保証会社以外の会社の情報】
第3　【指数等の情報】

有報は記載項目が統一されているため，どの会社に関しても同じ内容で書かれている。このうち就活において必要な情報が記載されているのは，第一部の第1【企業の概況】〜第5【経理の状況】まで，それ以降は無視してしまってかまわない。

02 企業の概況の注目ポイント

　第1【企業の概況】には役立つ情報が満載。そんな中，最初に注目したいのは，冒頭に記載されている【主要な経営指標等の推移】の表だ。

回次		第25期	第26期	第27期	第28期	第29期
決算年月		平成24年3月	平成25年3月	平成26年3月	平成27年3月	平成28年3月
営業収益	（百万円）	2,532,173	2,671,822	2,702,916	2,756,165	2,867,199
経常利益	（百万円）	272,182	317,487	332,518	361,977	428,902
親会社株主に帰属する当期純利益	（百万円）	108,737	175,384	199,939	180,397	245,309
包括利益	（百万円）	109,304	197,739	214,632	229,292	217,419
純資産額	（百万円）	1,890,633	2,048,192	2,199,357	2,304,976	2,462,537
総資産額	（百万円）	7,060,409	7,223,204	7,428,303	7,605,690	7,789,762
1株当たり純資産額	（円）	4,738.51	5,135.76	5,529.40	5,818.19	6,232.40
1株当たり当期純利益	（円）	274.89	443.70	506.77	458.95	625.82
潜在株式調整後1株当たり当期純利益	（円）	—	—	—	—	—
自己資本比率	（％）	26.5	28.1	29.4	30.1	31.4
自己資本利益率	（％）	5.9	9.0	9.5	8.1	10.4
株価収益率	（倍）	19.0	17.4	15.0	21.0	15.5
営業活動によるキャッシュ・フロー	（百万円）	558,650	588,529	562,763	622,762	673,109
投資活動によるキャッシュ・フロー	（百万円）	△370,684	△465,951	△474,697	△476,844	△499,575
財務活動によるキャッシュ・フロー	（百万円）	△152,428	△101,151	△91,367	△86,636	△110,265
現金及び現金同等物の期末残高	（百万円）	167,525	189,262	186,057	245,170	307,809
従業員数 [ほか，臨時従業員数]	（人）	71,729 [27,746]	73,017 [27,312]	73,551 [27,736]	73,329 [27,313]	73,053 [26,147]

　見慣れない単語が続くが，そう難しく考える必要はない。特に注意してほしいのが，**営業収益**，**経常利益**の二つ。営業収益とはいわゆる**総売上額**のことであり，これが企業の本業を指す。その営業収益から営業費用（営業費（販売費＋一般管理費）＋売上原価）を差し引いたものが**営業利益**となる。会社の業種はなんであれ，モノを顧客に販売した合計値が営業収益であり，その営業収益から人件費や家賃，広告宣伝費などを差し引いたものが営業利益と覚えておこう。対して経常利益は営業利益から本業以外の損益を差し引いたもの。いわゆる金利による収益や不動産収入などがこれにあたり，本業以外でその会社がどの程度の力をもっているかをはかる絶好の指標となる。

■会社のアウトラインを知れる情報が続く。

　この主要な経営指標の推移の表につづいて，「会社の沿革」，「事業の内容」，「関係会社の状況」「従業員の状況」などが記載されている。自分が試験を受ける企業のことを，より深く知っておくにこしたことはない。会社がどのように発展してきたのか，主としている事業はどのようなものがあるのか，従業員数や平均年齢はどれくらいなのか，志望動機などを作成する際に役立ててほしい。

03　事業の状況の注目ポイント

　第2となる【事業の状況】において，最重要となるのは**業績等の概要**といえる。ここでは1年間における収益の増減の理由が文章で記載されている。「○○という商品が好調に推移したため，売上高は△△になりました」といった情報が，比較的易しい文章で書かれている。もちろん，損失が出た場合に関しても包み隠さず記載してあるので，その会社の1年間の動向を知るための格好の資料となる。

　また，業績については各事業ごとに細かく別れて記載してある。例えば鉄道会社ならば，①運輸業，②駅スペース活用事業，③ショッピング・オフィス事業，④その他といった具合だ。**どのサービス・商品がどの程度の売上を出したのか**，会社の持つ展望として，今後**どの事業をより活性化**していくつもりなのか，などを意識しながら読み進めるとよいだろう。

■「対処すべき課題」と「事業等のリスク」

　業績等の概要と同様に重要となるのが，**「対処すべき課題」**と**「事業等のリスク」**の2項目といえる。ここで読み解きたいのは，その会社の**今後の伸びしろ**について。いま，会社はどのような状況にあって，どのような課題を抱えているのか。また，その課題に対して取られている対策の具体的な内容などから経営方針などを読み解くことができる。リスクに関しては法改正や安全面，他の企業の参入状況など，会社にとって決してプラスとは言えない情報もつつみ隠さず記載してある。客観的にその会社を再評価する意味でも，ぜひ目を通していただきたい。

　次代を担う就活生にとって，ここの情報はアピールポイントとして組み立てやすい。「新事業の○○の発展に際して……」，「御社が抱える●●というリスクに対して……」などという発言を面接時にできれば，面接官の心証も変わってくるはずだ。

　最後に注目したいのが，第5【経理の状況】だ。ここでは，簡単にいえば【主要な経営指標等の推移】の表をより細分化した表が多く記載されている。ここの情報をすべて理解するのは，簿記の知識がないと難しい。しかし，そういった知識があまりなくても，読み解ける情報は数多くある。例えば**損益計算書**などがそれに当たる。

連結損益計算書

(単位：百万円)

	前連結会計年度 (自 平成26年4月1日 至 平成27年3月31日)	当連結会計年度 (自 平成27年4月1日 至 平成28年3月31日)
営業収益	2,756,165	2,867,199
営業費		
運輸業等営業費及び売上原価	1,806,181	1,841,025
販売費及び一般管理費	※1　522,462	※1　538,352
営業費合計	2,328,643	2,379,378
営業利益	427,521	487,821
営業外収益		
受取利息	152	214
受取配当金	3,602	3,703
物品売却益	1,438	998
受取保険金及び配当金	8,203	10,067
持分法による投資利益	3,134	2,565
雑収入	4,326	4,067
営業外収益合計	20,858	21,616
営業外費用		
支払利息	81,961	76,332
物品売却損	350	294
雑支出	4,090	3,908
営業外費用合計	86,403	80,535
経常利益	361,977	428,902
特別利益		
固定資産売却益	※4　1,211	※4　838
工事負担金等受入額	※5　59,205	※5　24,487
投資有価証券売却益	1,269	4,473
その他	5,016	6,921
特別利益合計	66,703	36,721
特別損失		
固定資産売却損	※6　2,088	※6　1,102
固定資産除却損	※7　3,957	※7　5,105
工事負担金等圧縮額	※8　54,253	※8　18,346
減損損失	※9　12,738	※9　12,297
耐震補強重点対策関連費用	8,906	10,288
災害損失引当金繰入額	1,306	25,085
その他	30,128	8,537
特別損失合計	113,379	80,763
税金等調整前当期純利益	315,300	384,860
法人税、住民税及び事業税	107,540	128,972
法人税等調整額	26,202	9,326
法人税等合計	133,742	138,298
当期純利益	181,558	246,561
非支配株主に帰属する当期純利益	1,160	1,251
親会社株主に帰属する当期純利益	180,397	245,309

　主要な経営指標等の推移で記載されていた**経常利益**の算出する上で必要な営業外収益などについて，詳細に記載されているので，一度目を通しておこう。

　いよいよ次ページからは実際の有報が記載されている。ここで得た情報をもとに有報を確実に読み解き，就職活動を有利に進めよう。

✔ 有価証券報告書

■ 企業の概況

1 主要な経営指標等の推移

(1) 連結経営指標等

回次		第151期	第152期	第153期	第154期	第155期
決算年月		2019年3月	2020年3月	2021年3月	2022年3月	2023年3月
収益	(百万円)	5,339,238	5,299,814	4,645,059	5,495,015	6,817,872
売上総利益	(百万円)	923,193	873,663	729,461	1,009,603	1,234,752
当期利益又は損失(△) (親会社の所有者に帰属)	(百万円)	320,523	171,359	△153,067	463,694	565,178
当期包括利益 (親会社の所有者に帰属)	(百万円)	305,075	△69,413	76,083	765,330	774,262
親会社の所有者に帰属する持分	(百万円)	2,771,483	2,544,133	2,527,951	3,197,816	3,779,518
総資産額	(百万円)	7,916,523	8,128,596	8,079,984	9,582,166	10,106,252
1株当たり親会社所有者帰属持分	(円)	2,219.11	2,036.48	2,022.83	2,558.24	3,062.59
基本的1株当たり 当期利益又は損失(△)	(円)	256.68	137.18	△122.42	370.79	452.51
希薄化後1株当たり 当期利益又は損失(△)	(円)	256.41	137.03	△122.42	370.53	452.15
親会社所有者帰属持分比率	(%)	35.0	31.3	31.3	33.4	37.4
親会社所有者帰属持分当期利益率	(%)	12.0	6.4	△6.0	16.2	16.2
株価収益率	(倍)	5.96	9.03	―	5.71	5.17
営業活動によるキャッシュ・フロー	(百万円)	268,883	326,618	467,097	194,066	232,801
投資活動によるキャッシュ・フロー	(百万円)	△51,317	△203,417	△120,107	49,039	△91,525
財務活動によるキャッシュ・フロー	(百万円)	△233,196	△57,742	△466,368	△139,924	△250,459
現金及び現金同等物の期末残高	(百万円)	660,359	710,371	599,013	733,824	656,859
従業員数 [外、平均臨時雇用者数]	(人) (人)	65,662 [25,700]	72,642 [27,604]	74,920 [28,523]	74,253 [28,169]	78,235 [30,222]

(注)1　当社は，国際会計基準（以下，IFRS）に準拠して連結財務諸表を作成しております。

　　2　第153期の「株価収益率」については，当期純損失であるため記載しておりません。

(point) **主要な経営指標等の推移**

　　数年分の経営指標の推移がコンパクトにまとめられている。見るべき箇所は連結の売上，利益，株主資本比率の3つ。売上と利益は順調に右肩上がりに伸びているか，逆に利益で赤字が続いていたりしないかをチェックする。株主資本比率が高いとリーマンショックなど景気が悪化したときなどでも経営が傾かないという安心感がある。

(2)　提出会社の経営指標等 ···

回次		第151期	第152期	第153期	第154期	第155期
決算年月		2019年3月	2020年3月	2021年3月	2022年3月	2023年3月
収益	（百万円）	－	－	－	518,495	590,170
売上高	（百万円）	2,353,642	2,021,074	1,622,317	－	－
経常利益 又は経常損失（△）	（百万円）	263,208	82,461	△105,187	275,466	391,718
当期純利益 又は当期純損失（△）	（百万円）	257,361	104,046	△125,560	287,902	413,561
資本金	（百万円）	219,448	219,612	219,781	219,893	220,046
発行済株式総数	（株）	1,250,787,667	1,250,985,467	1,251,253,867	1,251,404,367	1,251,571,867
純資産額	（百万円）	1,251,098	1,224,612	1,053,351	1,205,666	1,419,359
総資産額	（百万円）	4,307,405	4,289,019	4,174,571	4,702,441	4,801,000
1株当たり純資産額	（円）	1,000.85	979.47	842.21	963.97	1,149.68
1株当たり配当額 （うち1株当たり中間配当額）	（円） （円）	75.00 (37.00)	80.00 (45.00)	70.00 (35.00)	110.00 (45.00)	115.00 (57.50)
1株当たり当期純利益 又は当期純損失（△）	（円）	206.10	83.29	△100.49	230.35	331.27
潜在株式調整後 1株当たり当期純利益	（円）	205.92	83.23	－	230.19	331.00
自己資本比率	（％）	29.0	28.5	25.2	25.6	29.6
自己資本利益率	（％）	21.8	8.4	△11.0	25.5	31.5
株価収益率	（倍）	7.43	14.88	－	9.20	7.07
配当性向	（％）	36	96	－	48	35
従業員数	（人）	5,126	5,207	5,240	5,150	5,068
株主総利回り （比較指標：配当込みTOPIX）	（％） （％）	89.7 (95.0)	77.8 (85.9)	100.6 (122.1)	137.0 (124.6)	155.8 (131.8)
最高株価	（円）	1,999.5	1,801.0	1,651.5	2,238.5	2,488.0
最低株価	（円）	1,460.0	1,137.0	1,114.5	1,434.0	1,762.5

（注）1　「収益認識に関する会計基準」（企業会計基準第29号2020年3月31日）等を第154期の期首から適
用しており，第154期以降に係る主要な経営指標等については，当該会計基準等を適用した後の指
標等となっております。

　　　2　「売上高」には，消費税等は含まれておりません。

　　　3　第153期の「潜在株式調整後1株当たり当期純利益」については，潜在株式は存在するものの1株当
たり当期純損失であるため，記載しておりません。

　　　4　第153期の「株価収益率」及び「配当性向」については，当期純損失であるため記載しておりません。

　　　5　「1株当たり純資産額」，「1株当たり当期純利益又は当期純損失（△）」及び「潜在株式調整後1株当
たり当期純利益」については，自己株式を控除した株式数により算出しております。

6　第152期の「1株当たり中間配当額」には，創立100周年記念配当10円を含んでおります。

7　最高株価及び最低株価は東京証券取引所（市場第一部およびプライム市場）におけるものであります。

2　沿革

1919年12月24日 登記 1919年12月30日	・大阪北港株式会社（資本金35百万円）として設立，以後大阪北港地帯の埋立，整地，港湾修築等を行い，不動産経営にあたる。
1944年11月	・株式会社住友ビルディング（1923年8月設立，資本金6.5百万円）を合併して，社名を住友土地工務株式会社と改称。
1944年12月	・長谷部竹腰建築事務所の営業を譲り受けて，不動産経営並びに土木建築の設計，監理を営む総合不動産会社となる。
1945年11月	・終戦後，新たに商事部門への進出を図り，従来関係のあった住友連系各社の製品をはじめ，各業界の大手生産会社の製品の取扱いに従事することとなり，社名を日本建設産業株式会社と改称し，商事会社として新発足する。以後，事業活動の重点を商事部門に置き，取扱品目並びに取引分野の拡大に努める。
1949年8月	・大阪・東京の両証券取引所に株式を上場（2013年に両取引所は統合し，現在は東京証券取引所）。
1950年7月	・土木建築の設計監理部門を日建設計工務株式会社（現在の株式会社日建設計）として独立させる。
1952年3月	・米国にNikken New York Inc.を設立（現在の米州住友商事会社）。
1952年6月	・社名を住友商事株式会社と改称。
1962年12月	・大阪・東京の営業部門を一体とし商品本部制を導入，鉄鋼・非鉄金属・電機・機械・農水産・化成品・繊維・物資燃料・不動産の9本部を設置。
1969年10月	・大阪府に住商コンピューターサービス株式会社を設立（現在のSCSK株式会社。1989年2月に東京証券取引所市場第二部に株式を上場，1991年9月に同市場第一部銘柄に指定）。
1970年8月	・相互貿易株式会社（1950年5月設立，資本金300百万円）を合併。
1970年11月	・本社及び東京支社の名称を廃止し，大阪本社及び東京本社と改称。
1979年6月	・営業部門制を導入，商品本部を鉄鋼・機電・非鉄化燃・生活物資の4営業部門とする。
1995年1月	・東京都にケーブルテレビ事業の統括運営を行う株式会社ジュピターテレコムを設立（その後，2005年3月にジャスダック証券取引所に株式を上場。2013年7月上場廃止）。
2000年4月	・北海道に住友商事北海道株式会社を設立，北海道支社の業務を移管。

2001年4月	・大阪本社及び東京本社の名称を廃止し，6グループのコーポレート部門と9事業部門28本部の営業部門からなる本社に再編。また，関西，中部及び九州・沖縄地域においてブロック制を導入。
2001年6月	・東京都中央区に本店を移転。
2003年4月	・宮城県に住友商事東北株式会社を設立，東北支社の業務を移管。
2005年10月	・福岡県に住友商事九州株式会社を設立，九州・沖縄ブロックの業務を移管。
2014年4月	・国内ブロック制を廃止し，関西支社，中部支社，九州支社を設置。
2015年4月	・コーポレート部門のグループ制を廃止し，担当役員制を導入。
2016年4月	・国内担当役員の設置，及び関西地域担当役員，中部地域担当役員の廃止。
2018年9月	・東京都千代田区（現在地）に本店を移転。
2021年4月	・営業部門にエネルギーイノベーション・イニシアチブを新設（現在の営業部門は6事業部門20本部，1イニシアチブ）
2022年4月	・東京証券取引所市場第一部からプライム市場へ移行。

3　事業の内容

　当社グループは，長年培ってきた信用，国内外のグローバルネットワーク，あらゆる分野の取引先とのグローバルリレーション，知的資産といったビジネス基盤と，ビジネス創出力，ロジスティクス構築力，金融サービス提供力，IT活用力，リスク管理力，情報収集・分析力といった機能を統合することにより，顧客の多様なニーズに応え，多角的な事業活動をグローバル連結ベースで展開しております。

　当社はこれらの事業を，取扱商品や事業の内容に応じて，6つの業種に基づくセグメント（事業部門）に区分しており，当社の各事業部門，及びその関係会社，各地域拠点が共同でそれぞれの事業を推進しております。

　当社グループの事業セグメント毎の取扱商品又は事業の内容，及び主要な関係会社名は以下のとおりであります。

---

point　沿革

　どのように創業したかという経緯から現在までの会社の歴史を年表で知ることができる。過去に行った重要なM&Aなどがいつ行われたのか，ブランド名はいつから使われているのか，いつ頃から海外進出を始めたのか，など確認することができて便利だ。

セグメント	取扱商品又は事業の内容	主要な関係会社名
金属	鉄鋼製品の国内・貿易取引、加工及び関連事業を推進。	住友商事グローバルメタルズ Eryngium Edgen Group
輸送機・建機	リースビジネス、並びに船舶・航空機・自動車・建設機械及び関連機器・部品の国内・貿易取引及び関連事業を推進。	住友商事パワー&モビリティ 三井住友ファイナンス&リース 住友三井オートサービス TBC
インフラ	海外における発電事業及び電力機器・プラント関連建設工事請負・エンジニアリング、国内電力小売り、風力・太陽光・地熱発電等の再生可能エネルギー関連事業、工業設備等の産業インフラビジネス、水事業、環境関連ビジネス、蓄電池関連ビジネス、交通輸送インフラ関連ビジネス、物流・保険・海外工業団地関連事業等を推進。	住友商事マシネックス サミットエナジー 住商グローバル・ロジスティクス Central Java Power
メディア・デジタル	ケーブルテレビ、第5世代移動通信システム(5G)関連、多チャンネル番組供給、映画、デジタルメディア関連、映像コンテンツ関連、テレビ通販、EC事業、ICTプラットフォーム、デジタルソリューション、グローバルCVC(スタートアップ投資)、携帯電話販売、情報通信インフラ・モバイル付加価値サービスなどの事業を推進。	SCSK JCOM ジュピターショップチャンネル ティーガイア
生活・不動産	食品スーパー、ドラッグストア、ブランド事業、ヘルスケア関連事業、食料・食品の取引、セメント・建材等の生活関連資材の取引、ビル・商業施設・住宅・物流施設・ファンドの運営等の不動産事業を推進。	サミット トモズ Fyffes
資源・化学品	石炭・鉄鉱石・非鉄金属原料・ウラン・原油及び天然ガス・LNG等の開発・貿易取引、商品デリバティブの売買等、非鉄金属製品・石油製品・LPG・炭素関連原材料及び製品、合成樹脂・有機及び無機化学品・医薬・農薬・肥料・動物薬・電子及び電池材料の国内・貿易取引及び関連事業、並びに基板実装事業を推進。	スミトロニクス 住友商事ケミカル Sumisho Coal Australia Holdings Oresteel Investments

4 関係会社の状況

(1) 子会社 ·········

	会社名	住所	資本金又は出資金 (百万円)		議決権所有割合 (%)	関係内容 役員の兼任等	営業上の取引等
金属事業	住友商事グローバルメタルズ	東京都千代田区		16,673	100.00	有	商品の仕入及び販売、賃貸(事務所)、保証
			(千現地通貨)				
	Eryngium	英国、グラスゴー	GBP	121	100.00	有	商品の販売、保証
	Servilamina Summit Mexicana	メキシコ、ケレタロ	USD	102,907	100.00	有	商品の販売、保証
	Sumiputeh Steel Centre	マレーシア、セランゴール	MYR	46,000	90.00	有	商品の販売
	Edgen Group	米国、バトン・ルージュ	USD	866,261	100.00 (100.00)	有	商品の販売
	Sekal AS	ノルウェー、スタバンゲル	NOK	1,257	90.00	有	保証
	BML Pipeco Services	米国、ヒューストン	USD	136,411	100.00 (100.00)	有	商品の販売
	P2 Energy Services	米国、スプリング	USD	128,116	100.00 (100.00)	有	商品の販売
	(その他 60社)						
輸送機・建機事業	キリウ	栃木県足利市		2,098	100.00	有	融資
	住友精密工業	兵庫県尼崎市		10,311	100.00	有	商品の仕入及び販売
			(千現地通貨)				
	SMS Construction and Mining Systems	カナダ、アチェソン	CAD	40,993	100.00 (10.00)	有	保証
	Tecnologia Para La Construccion Y Mineria	スペイン、マドリッド	EUR	27,500	100.00 (60.00)	有	―
	Toyota Ukraine	ウクライナ、キーウ	UAH	578,112	100.00	有	商品の販売、保証
	Sumitec International	ロシア、モスクワ	RUB	673,554	100.00	無	保証
	SC Construction Machinery	中国、上海	RMB	157,796	100.00 (10.00)	有	保証
	Summit Auto Group	インドネシア、ジャカルタ	IDR	7,803,441,000	100.00 (0.01)	有	―
	Summit Motors Vladivostok	ロシア、ウラジオストク	RUB	585,591	100.00 (0.10)	有	保証
	Summit Capital Leasing	タイ、バンコク	THB	160,800	99.64 (50.64)	有	保証
	Moto-Pfohe EOOD	ブルガリア、ソフィア	BGN	1,547	100.00	有	―
	Sunstate Equipment Company	米国、フェニックス	USD	231,667	100.00 (100.00)	有	―
	Aimo Holding	スウェーデン、ストックホルム	SEK	200	100.00	有	保証
	SML Isuzu	インド、チャンディガール	INR	144,788	43.96	有	商品の販売
	Linder Industrial Machinery	米国、プラントシティ	USD	33,422	100.00 (100.00)	有	―
	Aver Asia (S)	シンガポール	SGD	2,582	100.00	有	保証
	(その他 90社)						

---

point **事業の内容**

会社の事業がどのようにセグメント分けされているか，そして各セグメントではどのようなビジネスを行っているかなどの説明がある。また最後に事業の系統図が載せてあり，本社，取引先，国内外子会社の製品・サービスや部品の流れが分かる。ただセグメントが多いコングロマリットをすぐに理解するのは簡単ではない。

	会社名	住所	資本金又は出資金 （百万円）	議決権 所有割合 （％）	関係内容	
					役員の 兼任等	営業上の取引等
インフラ 事業	サミットエナジー	東京都千代田区	10,500	100.00	有	業務委託、融資、 商品の仕入、保証
	住友商事マシネックス	東京都千代田区	5,300	100.00	有	業務委託、融資
	住商グローバル・ロジスティクス	東京都千代田区	1,356	100.00	有	業務委託
	Central Java Power	インドネシア、ジャカルタ	20,324	100.00 (25.00)	有	業務受託、保証
			（千現地通貨）			
	Summit Water	英国、ロンドン	GHP　87,275	100.00	有	業務受託、保証
	Summit Renewable Energy Europe	英国、ロンドン	EUR　41,900	100.00	有	業務委託、保証、融資
	Perennial Power Holdings	米国、ニューヨーク	USD　64,985	100.00 (100.00)	有	－
	SRPT SAS	フランス、パリ	EUR　53,688	100.00	有	保証、融資
	SRPN SAS	フランス、パリ	EUR　50,213	100.00	有	保証、融資
	（その他 76社）					
メディア・ デジタル 事業	SCSK	東京都江東区	21,285	50.77		商品の仕入及び販売、 情報処理業務委託、 賃貸（事務所）
			（千現地通貨）			
	Presidio Ventures	米国、サンタクララ	USD　0	100.00 (100.00)	有	－
	Sumitomo Corporation Equity Asia	中国、香港	USD　34,061	100.00	有	－
	（その他 38社）					
生活・ 不動産事業	サミット	東京都杉並区	3,920	100.00	有	商品の販売、融資、 賃貸（店舗）、保証
	アイジー工業	山形県東根市	254	65.68	有	融資
	住商セメント	東京都千代田区	200	100.00	有	融資
	トモズ	東京都文京区	1,160	100.00	有	融資
	住商フーズ	東京都千代田区	800	100.00	有	商品の仕入及び販売、 融資、保証、業務委託
			（千現地通貨）			
	Highline Produce	カナダ、レミントン	CAD　345,730	100.00	有	保証
	SC Healthcare Holdings	マレーシア、プタリンジャヤ	MYR　88,645	100.00	有	－
	Fyffes International	スイス、ジュネーブ	EUR　35,500	100.00 (10.00)	有	保証
	Zhu Li (Jinan) Real Estate	中国、済南市	RMB　434,000	100.00	有	－
	（その他 157社）					

	会社名	住所	資本金又は出資金（百万円）		議決権所有割合（%）	関係内容 役員の兼任等	関係内容 営業上の取引等
資源・化学品事業	住友商事ケミカル	東京都千代田区		900	100.00	有	商品の仕入及び販売、融資、保証
	スミトロニクス	東京都千代田区		400	100.00	有	融資
	住商アグリビジネス	東京都千代田区		250	100.00	有	商品の販売、融資、保証
	エネサンスホールディングス	東京都港区		116	53.86	有	－
	住商メタレックス	東京都千代田区		1,170	100.00	有	商品の仕入及び販売、賃貸（事務所）、保証
	住商アグロインターナショナル	東京都千代田区		3,020	100.00	有	融資、保証
			（千現地通貨）				
	Sumi Agro Europe	英国、ロンドン	EUR	29,032	100.00	有	保証
	Interacid Trading	スイス、ローザンヌ	USD	11,920	100.00 (30.00)	有	商品の仕入及び販売、保証
	SC Minerals America	米国、デンバー	USD	1	100.00 (15.25)	有	－
	Sumitomo Corporation Global Commodities	英国、ロンドン	USD	22,500	100.00	有	コモディティ取引、保証
	SCAP C	オーストラリア、シドニー	USD	271,140	100.00	有	業務委託契約
	Summit Ambatovy Mineral Resources Investment	オランダ、アムステルダム	USD	83	100.00	有	融資、保証
	Sumisho Coal Australia Holdings	オーストラリア、シドニー	AUD	284,568	100.00	有	保証、業務委託契約
	Pacific Summit Energy	米国、アーバイン	USD	1,000	100.00 (100.00)	有	商品の仕入、保証
	SC Quebrada Blanca	チリ、サンティアゴ	USD	486,771	100.00	有	融資、保証、業務受託契約
	Summit Rural WA	オーストラリア、クウィナーナ	AUD	82,696	100.00 (20.00)	有	保証
	Agro Amazonia Produtos Agropecuarios	ブラジル、クイアバ	BRL	374,321	100.00	有	保証
	SC Metal	オーストラリア、メルボルン	AUD	29,808	100.00 (10.00)	有	商品の仕入、保証
	Nativa Agronegocios & Representacoes	ブラジル、ミナスジェライス	BRL	171,119	100.00 (100.00)	無	保証
	（その他 89社）						

(point) 関係会社の状況

主に子会社のリストであり，事業内容や親会社との関係についての説明がされている。特に製造業の場合などは子会社の数が多く，すべてを把握することは難しいが，重要な役割を担っている子会社も多くある。有報の他の項目では一度も触れられていない場合が多いので，気になる会社については個別に調べておくことが望ましい。

	会社名	住所	資本金又は出資金 （百万円）	議決権 所有割合 （％）	関係内容	
					役員の 兼任等	営業上の取引等
その他	ヤサト興産	東京都千代田区	90	100.00	有	融資、保証
			（千現地通貨）			
	Summit Forests New Zealand	ニュージーランド、オークランド	NZD 137,203	100.00	有	保証
	米州住友商事	米国、ニューヨーク	USD 411,000	100.00	有	商品の仕入及び販売、保証
	欧州住友商事ホールディング	英国、ロンドン	USD 318,000	100.00 (100.00)	有	—
	中国住友商事	中国、北京	RMB 653,420	100.00	有	商品の販売
	アジア大洋州住友商事	シンガポール	USD 298,646	100.00 (100.00)	有	商品の仕入及び販売、保証
	ブラジル住友商事	ブラジル、サンパウロ	BRL 235,031	100.00	有	商品の仕入及び販売
	台湾住友商事	台湾、台北	TWD 610,000	100.00 (100.00)	有	商品の仕入及び販売
	CIS住友商事	ロシア、モスクワ	RUB 22,000	100.00	有	商品の仕入及び販売
	韓国住友商事	韓国、ソウル	KRW 8,446,640	100.00	有	商品の仕入及び販売、保証
	中東住友商事	アラブ首長国連邦、ドバイ	USD 13,731	100.00 (100.00)	有	商品の仕入及び販売、保証
	香港住友商事	中国、香港	USD 32,365	100.00	有	商品の仕入及び販売、保証
	（その他 50社）					

（注）1　議決権所有割合欄の（　）内は，間接所有であり，内数表示しております。

2　役員の兼任等には出向者及び転籍者を含んでおります。

3　Edgen Group及びヤサト興産は債務超過の状況にある会社であり，債務超過の額はそれぞれ10,770百万円及び22,730百万円であります。また，上記記載会社以外では，Summit Southern Cross Power Holdings傘下のBluewaters Power 3 Holdingsが債務超過の状況にある会社であり，債務超過の額は12,561百万円であります。

4　Edgen Group, Summit Auto Group, Sunstate Equipment Company, Highline Produce, SCAP C, Sumisho Coal Australia Holdings, SC Quebrada Blanca, 米州住友商事，欧州住友商事ホールディング及びアジア大洋州住友商事は，特定子会社に該当します。また，上記記載会社以外では，インフラ事業のVan Phong Power Company Limited, 資源・化学品事業のBunga Raya Aluminium, その他の欧州住友商事が特定子会社に該当します。

5　SML Isuzuの議決権所有割合は100分の50以下でありますが，実質的に支配しているため，子会社としております。

6　SCSKは，有価証券報告書提出会社であります。

7　その他には，エネルギーイノベーション・イニシアチブに属する会社が含まれております。

8　上記はIFRSで要求される開示の一部であり，「第5　経理の状況　連結財務諸表注記　36　子会社」で上記を参照しております。

(2) 関連会社等

	会社名	住所	資本金又は出資金（百万円）	議決権所有割合（%）	関係内容 役員の兼任等	営業上の取引等
金属事業	伊藤忠丸紅住商テクノスチール	東京都千代田区	3,000	33.33 (22.16)	有	保証
	住商メタルワン鋼管	東京都千代田区	1,343	50.00	有	商品の仕入及び販売、賃貸借（事務所）、保証
			（千現地通貨）			
	Thai Steel Pipe Industry	タイ、チョンブリ	THB 365,800	45.00 (1.50)	有	商品の販売
	Mukand Sumi Special Steel	インド、タネ	INR 415,857	49.00	有	保証
	Standard Steel Holdings	米国、バーナム	USD 108,189	35.00 (9.00)	有	商品の仕入及び販売、保証
	（その他 29社）					
輸送機・建機事業	住友三井オートサービス	東京都新宿区	13,637	40.43	有	賃貸（事務所）、賃借（自動車）
	大島造船所	長崎県西海市	5,600	34.11	有	商品の仕入及び販売
	三井住友ファイナンス＆リース	東京都千代田区	15,000	50.00	有	商品の仕入及び販売、賃貸（事務所）、賃借（各種設備）
			（千現地通貨）			
	Fujiwa Machinery Industry (Kunshan)	中国、昆山	RMB 297,515	45.00	有	ー
	Hirotec Mexico	メキシコ、シラオ	USD 33,012	49.00	有	ー
	TBC Holdings	米国、パームビーチガーデンズ	USD 0	50.00 (50.00)	有	商品の販売
	（その他 35社）					
インフラ事業			（千現地通貨）			
	CBK Netherlands Holdings	オランダ、アムステルダム	USD 24	50.00 (50.00)	有	ー
	Azour North One	クウェート、クウェート	USD 149,145	43.75 (43.75)	有	ー
	Bristlecone Capital Investments	米国、デラウェア州	USD 271,697	39.68	無	ー
	Marlin Capital Investments	米国、デラウェア州	USD 301,900	35.71	無	ー
	North Hanoi Smart City Development Investment Joint Stock Company	ベトナム、ハノイ	VND 3,538,050,000	50.00	有	
	Metro Pacific Light Rail Corporation	フィリピン、パシッグ	PHP 5,093,733	34.90	有	商品の販売
	Capital Summit Environment Investment	中国、山東省	RMB 1,956,993	40.00	有	
	Supreme Energy Muara Laboh	インドネシア、ジャカルタ	USD 74,759	50.00	有	保証、融資
	（その他 66社）					
メディア・デジタル事業	JCOM	東京都千代田区	37,550	50.00	有	ー
	ティーガイア	東京都渋谷区	3,154	41.86	有	商品の仕入
	ジュピターショップチャンネル	東京都江東区	4,400	45.00	有	業務委託
			（千現地通貨）			
	KDDI Summit Global Singapore	シンガポール	USD 756,600	49.90	有	ー
	（その他 6社）					

	会社名	住所		資本金又は出資金（百万円）	議決権所有割合（％）	役員の兼任等	関係内容 営業上の取引等
生活・不動産事業	マミーマート	埼玉県さいたま市		2,660	20.33	有	商品の販売
	ウェルネオシュガー	東京都中央区		7,000	25.32	有	商品の仕入及び販売
	SMB建材	東京都港区		3,035	36.25	有	商品の仕入
				（千現地通貨）			
	Krisumi Corporation Private	インド、グルグラム	INR	8,781,135	50.00	有	保証
	Summitmas Property	インドネシア、ジャカルタ	USD	12,500	40.00	有	賃貸(オフィス)
	Simple Mart Retail	台湾、台北	TWD	675,000	19.56	有	―
	Jiuxin (Suzhou) Real Estate Development	中国、蘇州市	RMB	1,830,000	25.00	有	保証
	（その他 36社）						
資源・化学品事業	エルエヌジージャパン	東京都千代田区		8,002	50.00	有	保証
	ジクシス	東京都港区		11,000	40.00	有	―
				（千現地通貨）			
	Dynatec Madagascar	マダガスカル、トアマシナ	USD	6,826,995	54.18 (54.18)	有	商品の仕入、保証
	SMM Cerro Verde Netherlands	オランダ、アムステルフェーン	USD	3,123	20.00 (20.00)	有	―
	Oresteel Investments	南アフリカ、ヨハネスブルグ	ZAR	6,587	49.00 (2.00)	有	―
	Ambatovy Minerals	マダガスカル、アンタナナリボ	USD	1,531,653	54.18 (54.18)	有	保証
	The Hartz Mountain	米国、セコーカス	USD	19	49.00 (25.00)	有	商標の使用、保証
	Iharabras S.A. Industrias Quimicas	ブラジル、ソロカバ	BRL	1,000,000	22.92	無	―
	Tri-Arrows Aluminum Holding	米国、ウィルミントン	USD	357,205	20.00 (20.00)	有	―
	Press Metal Sarawak	マレーシア、ムカ	MYR	352,000	20.00 (20.00)	有	商品の仕入
	Press Metal Bintulu	マレーシア、サマラジュ	MYR	1,123,580	20.00 (20.00)	有	商品の仕入
	Sawai America	米国、メープルグローブ	USD	1,050,706	20.00 (20.00)	有	―
	Mineracao Usiminas S.A.	ブラジル、ミナスジェライス	BRL	3,194,542	30.00 (0.75)	有	商品の販売
	Morita New Energy Materials (Zhangjiagang)	中国、張家港	RMB	128,175	30.00	無	―
	（その他 29社）						
その他	A/O TERNEYLES	ロシア、プラスタン		711	48.83	有	商品の仕入及び販売
	（その他 4社）						

（注）1　議決権所有割合欄の（　）内は，間接所有であり，内数表示しております。

　　2　役員の兼任等には出向者及び転籍者を含んでおります。

　　3　Dynatec Madagascar及びAmbatovy Mineralsの議決権所有割合は100分の50超でありますが，共同支配企業であるため，関連会社としております。

　　4　ティーガイア，マミーマート及びウェルネオシュガーは，有価証券報告書提出会社であります。

　　5　日新製糖株式会社は，伊藤忠製糖株式会社との経営統合に伴い，2023年1月1日付でウェルネオシュガー株式会社を親会社とする持株会社体制に移行しました。

　　6　その他には，エネルギーイノベーション・イニシアチブに属する会社が含まれております。

5 従業員の状況

(1) 連結会社の状況 ·······························

（2023年3月31日現在）

事業セグメントの名称	従業員数
金属	5,905人 〔220人〕
輸送機・建機	21,552人 〔1,690人〕
インフラ	3,528人 〔1,812人〕
メディア・デジタル	15,967人 〔4,103人〕
生活・不動産	18,346人 〔20,022人〕
資源・化学品	9,713人 〔2,221人〕
その他	3,224人 〔154人〕
合計	78,235人 〔30,222人〕

（注）1　上記従業員数は就業人員数であり，臨時従業員数は〔 〕に年間の平均人員数を外数で記載しております。

　　　2　臨時従業員には，派遣契約による従業員を含めております。

　　　3　上記「その他」には，エネルギーイノベーション・イニシアチブ（EII）の業務に従事している従業員が含まれております。

(2) 提出会社の状況 ·······························

（2023年3月31日現在）

従業員数	平均年令	平均勤続年数	平均年間給与
5,068人	43.2才	18年5ヶ月	16,057,441円

事業セグメントの名称	従業員数
金属	472人
輸送機・建機	639人
インフラ	614人
メディア・デジタル	506人
生活・不動産	485人
資源・化学品	873人
その他	1,479人
合計	5,068人

　　　　　 また，上記従業員のほか他社からの出向者は194人，海外支店・駐在員事務所が現地で雇用してい
　　　　　 る従業員は155人であります。
　　　 2 上記「その他」には，エネルギーイノベーション・イニシアチブ（EII）の業務に従事している従業員
　　　　　 が含まれております。
　　　 3 平均年間給与は，賞与，時間外勤務手当及び在宅勤務手当を含んでおります。
　　　 4 相談役・顧問及び嘱託を除いた従業員の平均年間給与は16,554,996円であります。

（3）　労働組合の状況 ···

　当社及び子会社において，労働組合との間に特記すべき事項はありません。

1 経営方針，経営環境及び対処すべき課題等

● 中期経営計画「SHIFT 2023」（対象：2021年度〜2023年度）の進捗

当社は，「SHIFT 2023」において，高い収益性と下方耐性の強いポートフォリオの構築に向けた「事業ポートフォリオのシフト」，その実効性を担保するための「仕組みのシフト」と「経営基盤のシフト」に取り組んでおり，それぞれのシフトの進捗状況は以下のとおりです。

中期経営計画「SHIFT 2023」の全体像

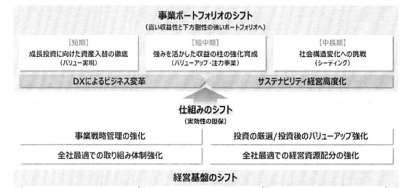

(point) 従業員の状況

主力セグメントや，これまで会社を支えてきたセグメントの人数が多い傾向があるのは当然のことだろう。上場している大企業であれば平均年齢は40歳前後だ。また労働組合の状況にページが割かれている場合がある。その情報を載せている背景として，労働組合の力が強く，人数を削減しにくい企業体質だということを意味している。

（1） 事業ポートフォリオのシフト ···

　当社は，すべての事業を，組織の枠組にこだわらず戦略単位でStrategic Business Unit（SBU）にくくり，市場の魅力度と当社グループの強みの発揮度を軸に4つのカテゴリーに分類し，当社の強みが発揮できる事業分野へ経営資源（資金・人材）のシフトを進めています。

＜4つのカテゴリー＞

- ・好機を逸することなく戦略的に撤退し，経営資源の回収を図る「バリュー実現」
- ・効率性向上等により既存の収益の柱を更に太くする「バリューアップ事業」
- ・事業規模の拡大を通じて収益の柱の育成を目指す「注力事業」
- ・次世代のビジネスを育成し，新たな収益の柱を目指す「シーディング」

（a）2022年度の各カテゴリーの進捗

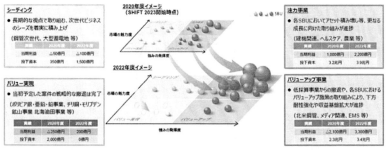

（b）DX（デジタルトランスフォーメーション）によるビジネス変革及びサステナビリティ経営の高度化

　事業ポートフォリオのシフトを後押しし，既存ビジネスの機能・収益性向上や新規ビジネスの創出を促す取組として，DXによるビジネス変革やサステナビリティ経営の高度化にも注力しました。

DXによるビジネス変革

- ・既存ビジネスにおけるDX実装による機能・収益性向上：
  国内スーパーマーケット事業における需給予測やヘルスケア事業におけるデータ分析高度化等が進捗

・次世代成長戦略テーマにおけるDXを掛け合わせた新規ビジネスの創出：
脱炭素，モバイル決済サービス，DX支援サービス等が進捗

サステナビリティ経営高度化

持続可能な社会の実現のために当社が取り組むべき6つの「重要社会課題」（2020年に設定）に関して，各SBUの取組や全社制度の運用開始など，社内における浸透や進捗が加速しています。2022年度の主な取組例は，以下のとおりです。

詳細は，「2　サステナビリティに関する考え方及び取組」を参照願います。

（2）　仕組みのシフト

事業ポートフォリオのシフトを実効性のあるものとするために，仕組みのシフトも推進しました。具体的には，以下に取り組みました。

・各SBUの戦略の進捗状況のモニタリング及び戦略の見直しの要否を議論するPDCAサイクルの実施
・事業投資の成功確度向上と価値最大化に向け，投資案件選定指針の制定による投資規律の厳格化及び投資パフォーマンス連動報酬制度の導入・運用
・次世代エネルギー，社会インフラ，リテイル・コンシューマー，ヘルスケア，農業等の成長戦略テーマの取組体制の整備・強化
・部門の枠組を超えた，よりダイナミックな事業ポートフォリオシフトに繋げるべく，全社最適で投下資本を配分する仕組へ変更

（3）経営基盤のシフト ··

　当社が中長期的に成長，発展していくための経営基盤についても，着実に強化，拡充を進めています。

ガバナンスの強化

- ・2022年度：中長期的企業価値向上・経営目標達成の動機付け強化を目的とした役員報酬制度の改定

　　（報酬水準・報酬構成比率の見直し，業績連動賞与における総支給額の算出に当社株価成長率を反映）

- ・2023年度以降：株式報酬制度の評価指標に非財務指標（気候変動問題対応，女性活躍推進，従業員エンゲージメント）を追加

人材マネジメントの強化

　年次概念に囚われない登用や女性登用，執行役員への登用を含むキャリア人材の積極登用，採用手法の多様化・通年化など，「Diversity, Equity & Inclusion」を更に推進

財務健全性の維持・向上

　デッド・エクイティ・レシオは昨年度末の0.7倍を維持，リスクアセットもコア・リスクバッファーの範囲内に収めています。（注）

（注）「コア・リスクバッファー」とは，「資本金」,「剰余金」及び「在外営業活動体の換算差額」の和から「自己株式」を差し引いて得られる数値で，当社は，最大損失可能性額である「リスクアセット」を「コア・リスクバッファー」の範囲内に収めることを経営の基本としています。

● 中期経営計画「SHIFT 2023」完遂に向けた取組

　上記で述べた2年間の進捗を踏まえ，「SHIFT 2023」の最終年度である2023年度は，その完遂に向けて，以下の分野に重点的に取り組みます。

懸案事業への対応	既存事業の収益性向上	次世代成長戦略テーマの収益化
● アンバトビー、TBC、Fyffes等のバリューアップに引き続き取り組む。	● ROICがWACCを下回るSBUにおける収益性向上。	● 全社目線でモニタリングを行い、必要な支援を実施。
● 低採算事業の撤退の完遂。	● 成長性の乏しい事業についての資産入れ替え。	● 経営資源を傾斜配分することにより、収益の柱となる事業育成。

当社は，成長性及び業績の安定性を更に向上するために「SHIFT 2023」を完遂し，どのような外部環境であっても株主資本コストを上回る利益をあげられる体質をつくり，株主還元の充実も図っていきます。また，建設的な対話を通じ，市場からの信頼向上に繋げられるよう努めていきます。

(4)　定量計画 ···

①　経営環境

全般

　世界経済は，米国を発端とした金融不安やロシア・ウクライナ情勢の不透明感が払拭できない中，成長は鈍化する見通しです。金融引き締めや資源・エネルギーの高騰による原材料価格の上昇などを起因とする物価の高止まりが，企業・家計の経済活動の重石になっています。先進国経済のうち，米国経済は個人消費が支え減速するもののプラス成長を維持し，日本経済は緩やかな回復傾向が続くとみられます。一方，ユーロ圏経済は外需回復の遅れや不安定なエネルギー供給の影響を受けて低迷が続く見通しです。新興国経済のうち，中国の経済活動は，ゼロコロナ政策の撤廃，不動産市場の持ち直しなどで回復の動きが続くとみられます。その他の多くの新興・途上国では緩やかな回復が続くとみられます。リスクは，金融業界の混乱，ウクライナでの戦闘激化，新型コロナウイルスの再拡大，物価高の長期化とそれに伴う金融引き締めの影響，新興国債務問題の深刻化，北東アジアや中東・北アフリカなどにおける地政学的リスクの高まりなどが挙げられます。

金属事業部門

　当部門は，鋼材・鋼管などの鉄鋼製品を幅広く取り扱っています。

　鋼材分野では，足もとでは自動車，家電，建築土木における需要が横ばい，あるいは弱含みとなっている一方で，生産コストの上昇等に伴い上昇していた鋼材価格が調整局面を迎えています。更には中国では需給不均等による国内市況の下落，中国国外への輸出量が拡大に転じており，今後のグローバル市場での需給動向を注視していきます。

　鋼管分野では，米国では昨年度の極めて逼迫した需給環境の反動として開発業

者による発注調整が生じており，足もとでは鋼管価格が反転下落基調にありますが，ガスを中心とした鋼管需要は堅調に推移すると見通しています。従い一定の調整期間を経て鋼管価格も徐々に回復すると見通しており，非米向けについては引き続き需要堅調の見通しです。また，世界各国でのエネルギー安全保障の観点から，脱炭素に向けたエナジートランジションへの動きが加速するとみられます。

このような環境を踏まえ，当部門としては中長期的視点で確実に持続的成長を果たせるビジネスモデルへの再構築を完遂します。また，DXを通じた新たな価値提供，再生可能エネルギー・CCSなど社会のカーボンニュートラル化に資する鉄鋼製品・サービスの供給による気候変動問題への対応をはじめ，サステナビリティ経営の高度化にも引き続き注力し，取組んでいきます。

輸送機・建機事業部門

当部門は，リース・ファイナンス事業，グローバルにバリューチェーン展開する自動車・建設機械・船舶事業，高い専門性を持つ航空宇宙関連事業を中心に，各種取引及び事業投資を行っています。

当部門を取り巻く事業環境は，世界的に移動需要の回復・伸長が見られる一方，一部の地域における地政学的リスクの高まり，半導体不足がサプライチェーンに与える影響，原材料コスト・人件費・金利等の上昇による経済の成長鈍化懸念があり，動向を注視しています。また，各セグメントにおいて，脱炭素社会や循環経済の実現への貢献ニーズが高まっています。

このような環境を踏まえ，当部門では低採算事業からの撤退を含む構造改革を完遂するとともに，強みを持つ事業の収益性改善と基盤拡大に注力します。具体的には，リース・ファイナンス事業における資産効率の改善と成長分野での優良資産積み増し，建設機械事業における事業基盤拡大と成長市場の需要取込みを進めていきます。

また，新たな社会ニーズを機会と捉え，次世代燃料船の開発や航空機パートアウト事業，自動車分野におけるEVとエネルギーマネジメントの掛け合わせ事業等，将来の柱となる新規案件の創出・育成にも取り組んでいきます。

インフラ事業部門

当部門は，水・鉄道などの社会インフラ事業，EPCビジネスや発電事業など

の電力インフラ事業，海外工業団地，保険事業を含む物流インフラ事業を行っています。

当部門を取り巻く足元の環境としては，電力EPCビジネスでは複数案件で完工を実現し，また発電事業も堅調ながら，国内の電力小売事業では燃料価格高騰に伴う電力調達コスト増加の影響が生じています。このような環境下，当部門は顧客との契約更改を含む市況変動リスクのマネジメントを一層強化すると共に，世界的な環境意識の高まりによる低炭素社会の到来，新興国を中心とした旺盛なインフラ需要を商機と捉え，新たな取組みを加速させます。

具体的には，地域社会全体のニーズを捉えた質の高いインフラアセットを提供すべく，上・下水事業，スマートシティ開発，鉄道・空港・港湾事業など，社会インフラ事業に積極的に取組みます。更に2050年のカーボンニュートラルを達成すべく，再生可能エネルギー発電事業に注力し，当社発電ポートフォリオの低炭素化を促進します。加えて，エネルギーイノベーション・イニシアチブとの共創により，再生可能エネルギー発電や環境価値を活かした国内電力小売事業を中心に，新たな電力・エネルギーサービスの事業化を推進します。

メディア・デジタル事業部門

当部門は，ケーブルテレビ，テレビ通販，及び5G関連などのメディア事業，ICTプラットフォーム，デジタルソリューション，デジタルメディアなどのデジタル事業，携帯電話販売，海外通信事業などのスマートプラットフォーム事業を行っています。

当部門を取り巻く環境としては，メディア事業では，生活様式，消費行動の変化に伴い，視聴形態の多様化や非対面・非接触での新たなサービス提供のニーズが見込まれることに加え，5G関連では高速・大容量通信の需要拡大により，携帯キャリアの基地局整備が進んでいます。デジタル事業では，デジタル技術による社会課題の解決やビジネス変革の機会が拡大し，DXソリューションのニーズが高まっています。携帯電話販売事業では端末の高価格化，オンライン契約形態の導入などの市場変化が加速しています。海外通信事業ではミャンマー及び新たに参入したエチオピアにおける地政学的リスクはあるものの，地域の発展に伴うニーズが見込まれます。

このような環境を踏まえ，メディア事業では新たな視聴サービスやオンライン診療などの生活周辺サービスの拡充，5G関連では基地局シェアリングの早期拡大に取組みます。デジタル事業ではSCSKとともにDX事業化やスタートアップ企業との共創による新たな価値創出への取組みを加速します。携帯電話販売事業では端末流通市場の変化に対応した新ビジネスの構築に取組みます。また，海外通信事業ではミャンマー・エチオピアの動向を注視しながら慎重に取組みます。

生活・不動産事業部門

当部門は，リテイル，食料，ヘルスケア，建設資材，不動産などの分野において事業を展開しています。

リテイル分野のスーパーマーケット事業は，内食需要の落ち着きや電気代等コスト上昇の影響を受け足元は低調な推移となりました。食料分野においても，ロシア・ウクライナ情勢の影響に伴う輸送費・資材費等のコスト上昇の影響を受けました。コストの高止まりは懸念されますが，いずれも，生活を支える事業としての重要性は引き続き高いものとなっています。

ヘルスケア分野では，国内における高齢化の進展に伴う調剤医療費の抑制，在宅介護，オンライン診療などで事業機会の拡大が見込まれます。

建設資材及び不動産分野では，米国金利上昇に伴う資金調達コストの増加を受け海外事業は低調に推移した一方，国内事業は堅調に推移しました。今後も政策金利の動向や建設コスト上昇に伴う影響には注視が必要です。

このような環境を踏まえ，当部門は，マーケットを慎重に見極めながら，事業の継続及び将来の成長のために必要な施策を引き続き実行していきます。リテイル分野・ヘルスケア分野では，小売現場ならではのデータ活用や，ドラッグストアにおける全自動調剤導入など，現場の課題解決，機能の高度化を目指したDXの取組みを推進していきます。食料分野では，量販店向けの底堅い需要や産地の多角化などを捉えた収益確保に努めます。不動産分野では，引き続き多様なアセットタイプを取り扱うポートフォリオ経営の推進などによる安定した収益基盤の強化に取組んでいきます。

資源・化学品事業部門

当部門は，資源・エネルギー分野では，金属資源・エネルギー権益の開発・生

産及び販売事業を，化学品・エレクトロニクス分野では，基礎化学品，農業資材，医薬，化粧品，動物薬，エレクトロニクス材料・製品の開発，製造，販売事業を展開しています。

2022年度は，資源・エネルギー分野にて資源全般の市況が高騰し，鉱山事業，トレードビジネスともに業績は好調に推移しました。化学品・エレクトロニクス分野でも農業資材やEMS事業などで需要の増加を捉え，業績は堅調に推移しました。2023年度は資源全般に加えて，穀物，基礎化学品ビジネスにおいても市況が軟化傾向であり，今後の動向を注視していきます。

このような環境を踏まえ，資源・エネルギー分野では，資源上流権益の安定操業を継続するとともに，市況リスク管理を徹底いたします。また，2050年の住友商事グループのカーボンニュートラル化に向け，資源上流権益ポートフォリオ再構築，次世代エネルギー関連事業の開発に取り組んでいきます。化学品・エレクトロニクス分野では，農業資材事業をはじめとする既存事業の収益基盤強化に注力するとともに，循環経済推進に向けたグリーンケミカル分野での新規事業開発に取り組んでいきます。

② **定量計画**

・業績見通し

今般，足元の状況を踏まえ，業績見通しを以下のとおりとしました。

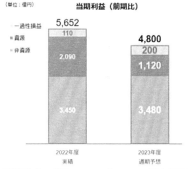

世界経済の先行き不透明感は増しているものの，概ね足元の事業環境の継続を見込んでおり，2023年度の利益予想は4,800億円としています。前期比では，

資源ビジネスは資源・エネルギー価格の軟化などにより減益，非資源ビジネスは横ばいを見込んでいます。

　なお，当社は最適な経営資源配分を通じた事業ポートフォリオのシフトの実行に向けて，「SHIFT 2023」の対象期間だけに限らず，常に3年先までの定量イメージを持ちながら戦略議論を実施しており，以下のとおり2025年度までの利益イメージを示しています。

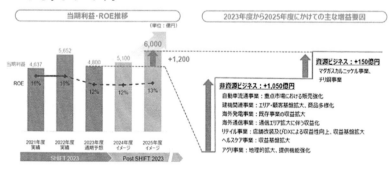

・キャッシュ・フロー計画

　「SHIFT 2023」において，株主還元後フリーキャッシュ・フローの黒字を確保する方針を堅持し，投融資と資産入替を着実に進め，高い収益性と下方耐性の強い事業ポートフォリオへのシフトに取り組んでいきます。

（単位：億円）

	SHIFT 2023		
	累計実績 (21/4〜23/3)	2023年度計画	3年合計計画 (23/5公表)
基礎収益キャッシュ・フロー*1	+8,689	+4,000	+12,700
減価償却費 (リース負債による支出Net後)	+2,142	+1,100	+3,200
資産入替	+3,800	+2,200	+6,000
その他の資金移動	△5,800	±0	△5,800
投融資 (含む追加・更新投資)	△6,500	△5,000	△11,400
フリーキャッシュ・フロー （調整後*2）	+2,445	+2,300	+4,700
株主還元*3	△2,911	△1,800	△4,700
株主還元後 フリーキャッシュ・フロー （調整後*2）	△466	+500	黒字確保

(point) 販売の状況

　生産高よりも販売高の金額の方が大きい場合は，作った分よりも売れていることを意味するので，景気が良い，あるいは会社のビジネスがうまくいっていると言えるケースが多い。逆に販売額の方が小さい場合は製品が売れなく，在庫が増えて景気が悪くなっていると言える場合がある。

(5)　株主還元方針 ···

　株主還元方針については，「第4　提出会社の状況　3　配当政策」を参照願います。

2　サステナビリティに関する考え方及び取組

　当社グループのサステナビリティに関する考え方及び取組は以下のとおりであります。

ガバナンス

　サステナビリティに関する施策の企画，グループ全体への浸透及びモニタリング体制の整備を含めて，重要事項や各種取り組みについては，経営会議や取締役会に付議・報告し，経営会議の判断や取締役会の監督のもとで進めております。

　なお，住友商事グループのコーポレートガバナンスの詳細については，「第4 提出会社の状況　4　コーポレート・ガバナンスの状況等」をご参照ください。

サステナビリティ推進体制

　当社では，サステナビリティを推進する施策の企画や社内浸透を担当する部署として，「サステナビリティ推進部」を設置しております。加えて，各事業部門におけるサステナビリティ推進の責任者である業務部長や業務部内のサステナビリティ推進担当者，関連コーポレート各部，海外地域組織のサステナビリティ推進担当者が連携することで，グループ全体のサステナビリティ推進施策を浸透させるとともに，各事業部門・イニシアチブ・地域組織においても，事業や地域の特性に応じた独自の施策を進めております。

　また，経営会議の諮問機関として「サステナビリティ推進委員会」を設置し，サステナビリティ推進に係る重要な取り組みについては，同委員会から経営会議や取締役会に付議・報告し，経営会議の判断や取締役会の監督のもとで進めております。加えて，外部有識者で構成される「サステナビリティ・アドバイザリーボード」を設置し，サステナビリティ経営全般について助言・提言を得て進めて

(point)　対処すべき課題

　有報のなかで最も重要であり注目すべき項目。今，事業のなかで何かしら問題があればそれに対してどんな対策があるのか，上手くいっている部分をどう伸ばしていくのかなどの重要なヒントを得ることができる。また今後の成長に向けた技術開発の方向性や，新規事業の戦略ついての理解を深めることができる。

おります。

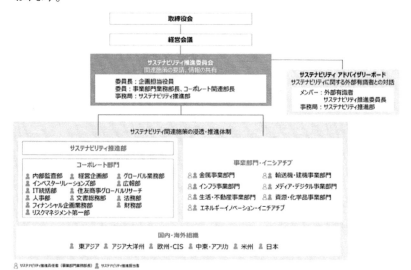

また，当社では，重要な人材マネジメントに関する方針・戦略・施策は，経営会議の諮問機関である人事諸制度　委員会や経営会議で議論し，取締役会で重要な方向性の決定と監督・モニタリングを実施しております。

<u>戦略</u>

住友商事グループのサステナビリティ経営の高度化

　持続可能な社会の実現に向けた当社グループの役割を示すことに加え，そのような社会で実現されるカーボンニュートラルなエネルギーサイクルや循環可能な経済の在り方，あらゆる人権侵害が存在しないビジネスの姿を描き，そこに至るまでの，長期的な事業環境の変化を見通して，戦略的に経営資源の配分を進めていくことが，当社の持続的成長を可能にすると考えております。

　社会のあるべき姿を捉え，それを追求することが，より多くのビジネス機会をもたらします。持続可能な社会と，当社グループの価値創造や持続的な成長がしっかりと重なった姿が，住友商事グループが長期的に目指すサステナビリティ経営であります。

社会とともに持続的に成長

持続可能な社会

持続的な成長

社会課題解決へのコミットメント
中・長期目標を設定してモニタリング

長期的な事業環境の見通し
社会課題の長期的動向を認識

価値の創造

戦略的経営資源配分
長期見通しを踏まえたポートフォリオ

住友商事グループの価値創造モデル
財務資本、人的資本、知的資本、組織・グループ資本、
グローバルネットワーク資本、ビジネスリレーション資本、ブランド資本

"Enriching lives and the world"
「住友の事業精神」、「住友商事グループの経営理念」

中期経営計画「SHIFT2023」における位置づけ

　当社グループは，2021年5月に策定した中期経営計画「SHIFT2023」において，3つのシフト，「事業ポートフォリオのシフト」，「仕組みのシフト」，「経営基盤のシフト」を掲げております。その中でも特にデジタル化とサステナビリティに対する要請という2つの大きな社会の潮流をしっかりと捉えながら，より高い収益性と環境変化への耐性を兼ね備えたポートフォリオへシフトする「事業ポートフォリオのシフト」を推進する上で取り込むべき重要な要素として，DXとともに「サステナビリティ経営の高度化」を掲げております。

中期経営計画「SHIFT 2023」の全体像

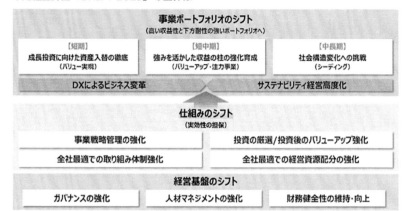

重要社会課題の特定

　サステナビリティ経営の高度化の一環で，当社グループが取り組むべき6つの重要社会課題として，「気候変動緩和」「循環経済」「人権尊重」「地域社会・経済発展」「生活水準の向上」「良質な教育」を定め，それぞれの課題に対する長期目標・中期目標を設定しております。詳細は後述の「指標及び目標」をご参照ください。

リスク管理

社会・環境関連リスク管理体制

　当社グループは，さまざまなビジネスを含むグループ全体の活動が与える社会・環境面への影響を適切に管理するため，新規事業を開始する際の審査や定期的なモニタリング等の全社的フレームワークを整えております。

　新規投資に係るデューデリジェンスの際には，事業の性格やリスクを踏まえ，環境コンサルタントによる環境評価や，法律事務所等による人権・労働問題の評価によって，事業が健全に経営されているか，事業活動により地球環境や地域社会，従業員等のステークホルダーに深刻な影響を与えていないかを確認しております。2020年4月には，リスク管理の実効性をさらに高めるため，投資申請時に，社会・環境関連リスクの評価シートを作成し，各事業の内容・地域特性等から想定される機会・リスクを洗い出すとともに，社会課題への対応に関する専門組織であるサステナビリティ推進部が全社投融資委員会での審議に参加するなど，社会・環境への影響を踏まえた意思決定が行われる体制を整えております。

　投資後の事業についても，事業会社との対話を通じた定期的なモニタリングや，内部監査等のプロセスを通じ，社会・環境関連リスク管理状況を確認し，課題がある場合は，その事業の特性に応じて改善を進めます。当社グループの事業活動の影響について，地域住民やNGO等，ステークホルダーから問題の指摘を受けた場合は，実態を踏まえて，対話・協議を行い，改善に努めております。

　また，こうした新規投資の審査やモニタリングの結果，個別案件の重要な社会・環境問題への対応は，関連する社内の委員会を通じて経営会議・取締役会に付議・報告しており，取締役会の監督のもと，社会・環境関連リスクへの対応および管理体制の強化に取り組んでおります。

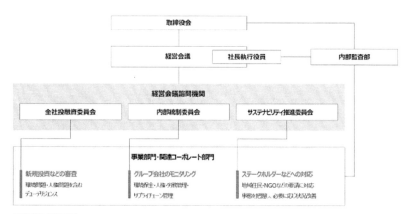

指標及び目標

重要社会課題に対する長期・中期目標

　当社グループが特定した6つの重要社会課題に関しては，課題毎に長期及び中期目標を設定し取り組んでおります。

　中期目標に対する進捗状況はサステナビリティ推進委員会でモニタリングしております。

重要社会課題		長期目標	中期目標
社会の持続可能性	気候変動緩和	■ 2050年の事業活動のカーボンニュートラル化と、持続可能なエネルギーサイクル実現への挑戦	■ 当社グループのCO₂排出量を、2035年までに50%以上削減（2019年比） 　- 発電事業系のCO₂排出量を2035年までに40%以上削減（内、石炭火力発電については、60%以上削減）。 　- 2035年の発電ポートフォリオ: 持分発電容量比 石炭20%、ガス50%、再エネ30%（*1） 　- 化石エネルギー権益事業から生じる間接的CO₂排出量（*2）を2035年までに90%以上削減。 　- 上記以外の事業におけるCO₂排出量の削減。（*3） ■ 社会の持続可能なエネルギーサイクルの基盤となる事業の構築 　- 水素系のカーボンフリーエネルギーの開発・展開、再生可能エネルギー供給の拡大〔2030年までに5GW以上〕（*4）、新たな電力・エネルギーサービスの拡大。 　- 電化、燃料転換、エネルギー効率・廃素効率の改善、省エネルギー化を促進する事業の拡大。 　- カーボンリサイクル、森林事業、CCS、排出権取引等によるCO2吸収・固定・利活用の推進。
	循環経済	■ リサイクル・省資源型の技術・商品への転換	■ 循環型原料等の使用、廃棄物の回収、製品の利用効率改善の促進 　- リサイクルされた、または再生可能資源に由来する循環型原材料等の使用量拡大。 　- 製品の利用効率改善・長寿命化を促進するビジネス（シェアリング・中古販売・リース・レンタル等）の拡大。
		■ 天然資源の持続可能な調達	■ 当社グループの取り扱う主要天然資源の持続可能な調達体制の強化 　- 持続可能な調達を要する、主要な天然資源関連商品の特定と調達方針の策定、認証取得の促進、自主監査体制の強化。
	人権尊重	■ 全事業・サプライチェーンにおける人権の尊重	■『国連ビジネスと人権に関する指導原則』『住友商事グループ人権方針』に則った人権尊重の浸透・徹底 　- 2023年までに、"指導原則"に基づく人権教育の単体受講率100%、海外法人地域組織・子会社実施率100%を達成。 　- 人権デューデリジェンスのリスク分析の強化により、2025年までにサプライチェーンを含む全事業のリスクを的確に評価しリスク低減策を実施。評価結果を踏まえて、より有効な苦情処理グリーバンスメカニズム（*5）を構築。 ■ 安全な職場環境の確保 　- 製造・加工業、大規模工事を伴うプロジェクトを中心とした主要事業労働現場における災害ゼロへの取り組み強化。 ■ 多様性に富み互いに尊重し合う組織の実現 　- 差別・ハラスメントのない職場環境を整備。 　- 国籍、年齢、性別、性的志向、性自認など、あらゆる属性や価値観にとらわれることなく個々人が能力を発揮できる人材マネジメントを推進。
社会の発展と進化	地域社会・経済の発展	■ 地域の産業発展と人材育成への貢献	■ 当社グループ事業のグローバルな展開を通じた地域産業の発展・雇用創出・人材の育成 　- 持続可能で、生産性・付加価値の高い産業の振興、事業を通じた地域社会との共生。 　- 当社グループ事業拠点における雇用の創出、経営人材・高技能人材の育成。
		■ 産業・社会インフラの整備	■ 社会の持続可能な発展に資する産業・社会インフラの普及 　- 良質なエネルギー、水、輸送・物流、通信・金融サービス等へのアクセスを可能にするインフラや、都市機能を高度化する事業の推進。
	生活水準の向上	■ 高度な生活関連サービスの提供	■ 都市化、高齢化等の社会課題解決に資する、高度な生活関連サービスの普及 　- 新たな技術やコンセプトによる、モビリティ、メディア・通信、ヘルスケアサービス、スマートシティ構築等、生活水準を向上する、より高度なサービス・新たな機能の提供。
	良質な教育	■ 質の高い教育の普及	■ 100SEED（*6）活動等を通じた、良質で平等な学習機会の提供 　- 教育機会の提供対象の量的拡大。 　- 受益者の満足度100%。 　- 毎年継続して全社員の5%以上参加。（対象は単体・地域組織・グループ会社）

（*1）2020年時点：石炭50%，ガス30%，再エネ20%

（*2）他者のエネルギー資源使用に伴う間接排出量

（*3）個別事業で目標を設定し削減に注力

（*4）2020年時点：1.5GW（1GW=10億W）

（*5）サプライチェーンを含む事業活動全体に関し，人権侵害等に関する，従業員・地域住民等ステークホルダーからの訴えを受け付け，問題解決につなげる仕組み

（*6）住友商事グループの社員参加型の社会貢献プロジェクト

［テーマ別開示］

■ 気候変動に関する開示

　気候変動問題は，持続可能な社会の実現の為に，克服しなくてはならない重大な課題であり，より早期のカーボンニュートラル社会実現に向けたグローバルな

---

point 事業等のリスク

　「対処すべき課題」の次に重要な項目。新規参入により長期的に価格競争が激しくなり企業の体力が奪われるようなことがあるため，その事業がどの程度参入障壁が高く安定したビジネスなのかなど考えるきっかけになる。また，規制や法律，訴訟なども企業によっては大きな問題になる可能性があるため，注意深く読む必要がある。

取り組みはますます加速しております。当社は，パリ協定における世界的合意を重視し，同協定に掲げられた社会のカーボンニュートラル化目標の達成に，より積極的な役割を果たすため，2021年5月に，「気候変動問題に対する方針」を見直すとともに，当社の6つの重要社会課題の一つである「気候変動緩和」とその長期目標に対し，より明確なアクションプランを示す中期目標を設定しております（中期目標は前項の通り）。

　その後，2022年2月にも「気候変動問題に対する方針」を見直し，新規の石炭火力発電事業・建設請負工事には例外なく取り組まないこととしております。

気候変動問題に対する方針

基本方針

- 2050年に住友商事グループのカーボンニュートラル化を目指す（※1）。
  社会全体のCO2排出量削減・Negative Emission化（※2）による、持続可能なエネルギーサイクル実現のための技術・ビジネスモデルを開拓する。
- 当社事業のCO2排出の削減・吸収に加え、ビジネスパートナーや公共機関等と協力した取り組みや提言等を通じて、社会のカーボンニュートラル化に貢献する。

事業における方針

- 社会全体のCO2排出削減に資する再生可能エネルギー化やエネルギー活用の効率化、及び燃料転換を促進する。
  また、再生可能エネルギーを主体とした新たなエネルギーマネジメントやモビリティサービスなどの提供や、水素社会の実現に取り組む。
- 発電事業については、地域社会における経済や産業の発展に不可欠なエネルギーを安定的に供給するとともに、経営資源を、より環境負荷の低い発電ポートフォリオに継続的にシフトする。（2035年：持分発電容量ベースで、石炭 20%、ガス 50%、再エネ 30%（※3））
- 火力発電、化石エネルギー権益の開発については、2050年のカーボンニュートラル化を前提として取り組む。
  石炭火力については、新規の発電事業・建設工事請負には取り組まない。また、石炭火力発電事業については、2035年までにCO2排出量を60%以上削減（2019年比）し、2040年代後半には全ての事業を終えそ石炭火力事業から撤退する。
  一般炭鉱山開発事業については、今後新規の権益取得は行わず、2030年の一般炭鉱山山持分生産量ゼロを目指す。

※1 カーボンニュートラル化の対象となる事業の範囲は以下の通り。
　[Scope1・2] 住友商事単体及び子会社の直接的CO2排出と、各社の使用するエネルギーの生成に伴う間接的CO2排出
　　（ただし、発電事業については持分法適用関連会社の排出も対象に含める）
　[Scope3] 住友商事単体及び子会社、持分法適用関連会社の化石エネルギー権益事業で生産されたエネルギー資源の、他者の使用に伴う間接的CO2排出。
　尚、カーボンニュートラル化とは、当社グループの事業によるCO2排出と、CO2排出削減への貢献を合わせたネットCO2排出量をゼロとすることを指す。
※2 Negative Emission化とは、過去に排出され、大気中に蓄積したCO2を吸収・回収・除去することを指す。
※3 2020年時点：石炭 50%、ガス 30%、再エネ 20%

　また，当社グループでは，気候変動への取組みに関してTCFDに基づいた情報開示を行っております。2021年度の開示の詳細はESGコミュニケーションブック2022（24頁〜43頁）をご参照ください。

ESGコミュニケーションブック2022（2022年9月発行）：

ESGブックディスクロージャー編

（https://www.sumitomocorp.com/jp/-/media/Files/hq/sustainability/report/esg/esg-all.pdf?la=ja）

　なお，2022年度のTCFDに基づく開示は2023年9月に発行予定のESGコミュニケーションブック2023に掲載予定となっております。

ガバナンス

　気候変動に関するガバナンスは，当社グループのサステナビリティに関するガ

バナンスに組み込まれており，重要事項や各種取り組みについては経営会議の判断や取締役会の監督のもとで進めております。

戦略

事業ポートフォリオシフトの着実な推進

気候変動問題の克服には，産業全般における脱炭素技術や再生可能エネルギーへのシフト，排出されたCO_2の利活用による，カーボンニュートラルなサイクルの実現が求められます。当社は，幅広い産業においてグローバルに事業を展開する中で，脱炭素化に伴うさまざまな技術やビジネスモデルの変化がもたらすリスクに対応する一方で，それら変化に伴って現れる新たな社会的ニーズを捉え，多様な事業機会を開拓していくことで，ポートフォリオシフトを着実に推進します。

気候変動に関する移行リスクと機会

当社は，気候変動緩和に係る技術の変化や規制導入等の事業環境変化のリスクが相対的に大きいと考えられる分野として，発電事業やエネルギー・資源関連事業，自動車，航空機，船舶関連事業，鉄鋼，化学品，セメント，アルミ製錬，不動産等の事業への影響を分析しております。これらの分野では事業活動に影響を及ぼすようなリスクが存在すると想定され，定期的なシナリオ分析を通じてリスクの大きさを認識し，然るべき対応策を検討することで，業績への負の影響を最小限に留めるよう努めているほか，脱炭素・循環型エネルギーシステムの構築等，事業機会の開拓に資する取り組みを強化しております。

シナリオ分析の詳細や結果については，ESGコミュニケーションブック2022（28頁〜39頁）をご参照ください。

リスク管理

当社グループの活動は広範な分野，地域に分散した事業から成り立ち，さまざまな社会課題と関わりを持っております。当社は，常にそれら社会課題に配慮し，グループ全体の事業活動から生じる社会・環境への影響を適切にコントロールするための方針を設定し，グループ内で周知・徹底を図っております。

当社は，新規事業を検討・実施する際の審査過程において，社会・環境に関するリスクの評価や対応策の確認を行っており，特に気候変動問題に関しては，気候変動等の社会・環境問題に起因する事業環境の変化に適切に対応出来ないこと

により，事業の持続性が妨げられるリスク（および機会）について，以下の点を確認しております。

- ・気候の変動あるいは自然災害・異常気象の頻発による影響
- ・規制の導入による影響
- ・技術の変化等による影響
- ・気候変動緩和や気候変動への適応の進展による事業の拡大や業績の改善余地

既存事業に関しても，当社は，社会・環境関連リスクを含む，各事業におけるこれらリスクの全般的な管理状況を定期的にモニターしており，個別事業に関するリスク管理に加え，当社全体が抱える社会・環境に係るリスクの状況を把握し，経営の戦略的判断に活用出来る体制を整えていきます。

また，気候変動のリスクへの対応については，各営業組織において，関連する事業分野の規制の導入や市場変化を把握し事業を展開することに加えて，全社ポートフォリオ管理の一環として，サステナビリティ推進部が気候変動に関する世界的取り組みや各種規制の動向を踏まえた，当社グループの主要なリスクの状況をまとめ，定期的に経営会議，取締役会に報告しております。ポートフォリオ全体で見て許容できないリスクがあれば，リスク管理担当組織と共同でエクスポージャーの削減を含め対応を検討しております。

指標及び目標

2022年度の温室効果ガス（GHG）排出量の実績は以下の通りであります。2021年度までの実績については，ESGコミュニケーションブック2022（112頁）をご参照ください。

＜GHG排出量（Scope1/2）＞（集計対象範囲（※1））

	2022年度実績 （単位：千t-CO2e）
Scope1（エネルギー起源CO2）	1,268
Scope1（エネルギー起源CO2以外のGHG排出量）	260
Scope2	553
合計	2,081

なお，上記の数値は速報値であり，確定値については2023年9月に発行予定のESGコミュニケーションブック2023に掲載予定であります。

（※1）集計対象範囲は提出会社，連結子会社及び共同支配事業であります。共同支配事業については，当該事業における環境データの報告期間の3月末時点における出資比率相当を算入しております。また，エネルギー起源CO2以外のGHG排出量については，温室効果ガス排出量算定・報告・公表制度を踏まえ，ガス毎の排出量合計がCO2換算で3,000tを超える排出のあった事業会社を対象としております。

住友商事グループカーボンニュートラル化の対象として集計している活動別CO2排出量についての2022年度実績は以下のとおりであります。2021年度までの実績については，ESGコミュニケーションブック2022（112頁）をご参照ください。

＜住友商事グループカーボンニュートラル化対象CO2排出量＞（集計対象範囲（※2））

	2019年度実績（基準年） （単位：千t-CO2e）	2022年度実績 （単位：千t-CO2e）	削減率
発電事業以外	1,005	757	△24.7%
発電事業（※3）	43,126	42,613	△1.2%
化石エネルギー権益事業	15,808	9,203	△41.8%
合計	59,939	52,572	△12.3%

なお，上記の数値は速報値であり，確定値については2023年9月に発行予定のESGコミュニケーションブック2023に掲載予定であります。

（※2）当社グループは，2019年に「気候変動問題に対する方針」を制定しており，2050年のカーボンニュートラル化を目指しております。カーボンニュートラル化の対象となる事業範囲は以下の通りであります。

＜Scope1・2＞

提出会社及び子会社の直接的CO2排出と，各社の使用するエネルギーの生成に伴う間接的CO2排出。

（ただし，発電事業については持分法適用関連会社の排出も対象に含む）

＜Scope3＞

提出会社及び子会社，持分法適用会社の化石エネルギー権益事業で生産されたエネルギー資源の，他者の使用に伴う間接的CO2排出。

尚，カーボンニュートラル化とは，当社グループの事業によるCO2排出と，CO2排出削減への貢献を合わせたネットCO2排出量をゼロとすることを指す。

（※3）発電事業の実績値には建設中案件の推計値を含んでおります。

■　人的資本に関する開示

戦略

人材の多様性の確保を含む人材育成方針及び社内環境整備方針

　当社グループは，2020年9月に制定した「グローバル人材マネジメントポリシー」を通じて，グローバルベースでの人材マネジメントに関するビジョンを示し，全ての人事施策の拠り所とすることで，新たな価値創造に向けた人材マネジメントを実現します。

　このポリシーで掲げる目指す個と組織の姿はそれぞれ以下のとおりであります。

目指す個の姿(Top Tier Professionalism)
グループの理念やビジョンに共感し、高い志を持ち、自律的な成長を続け、進取の精神で、グローバルフィールドで新たな価値創造に挑戦する人材集団
目指す組織の姿(Great Place to Work)
個々人がイキイキと、新たな価値を生み出し続けるGreat Place to Workをグローバルに築き上げ、世界に人材を輩出する「挑戦の場」として選ばれ続ける組織

　当社グループには，性別や国籍の違いだけでなく，様々なライフスタイル，多様な価値観を持つ社員が在籍していることから，このポリシーでは，Diversity, Equity & Inclusion を「価値創造，イノベーション，競争力の源泉」と位置づけており，その推進を妨げるあらゆるバリアを撤廃し，多様な人材の「知」のミックスを活かして，ビジョンの実現を追求します。

　中期経営計画「SHIFT 2023」においては，以下4つの方針を掲げ，各施策を推進しております。

　・「グローバル人材マネジメントポリシー」を具現化する人材マネジメント改革

　・Diversity, Equity & Inclusion の推進

　・グローバル適所適材の推進

　・健康経営と働き方改革

　当社において2021年度に導入した新人事制度を軸に，人材の確保・育成，配置・登用等の各局面で個々人が最大限に力を発揮できる環境整備に取り組み，管理職層には職務等級制度を導入し，キャリア採用の拡充や海外拠点における幹部ポジションへの現地採用社員の積極登用を含め，個々人の属性に捉われず，専門性やスキルを重視した，ベストタレントの最適配置を通じた組織パフォーマンスの最大化を目指しております。なお，重要な経営資本である人材の育成に関して

は，「グローバル人材マネジメントポリシー」において，「人材育成の精神を大切にし，アンテナ高く学び続けながら，主体的に成長していく個人をサポートする」と掲げているとおり，年齢・ポジションに関わらず学び続けることを大切にし，多様な分野で活躍する個々人が，それぞれのグローバルフィールドで必要とされる知識・スキルを主体的に学べる環境を構築しております。具体的には，当社においては，それぞれのプロフェッショナリズムを徹底的に高め，発揮するための「キャリア開発研修」や，組織と個人の成長につなげていくために，部下一人ひとりと向き合い，動機付け，多様多彩な人材を束ねる「ピープルマネジメント力」を強化する研修を実施しております。さらには，事業経営に必要な知識・スキルを習得する機会として，長期・選抜プログラムを継続実施しており，多くの人材が当社グループの価値向上に向けて，それぞれのフィールドで活躍できるよう，人材育成の強化に努めております。

また，国籍，年齢，性別，性的指向，性自認などの属性や従来の価値観に囚われない人材マネジメントを推進するとともに，日本及び国内海外拠点の実情に応じたDiversity, Equity & Inclusionを推進しております。

Diversity, Equity & Inclusionを組織に定着させるための継続的な社内啓発の一環としては，2021年度から，Diversity, Equity & Inclusion関連プログラムを集中的に展開する期間（Diversity Weeks）を設け，経営陣によるメッセージ発信や各種研修，社員座談会などを実施しております。なお，当社では，女性の活躍推進をDiversity, Equity & Inclusionの重要な柱と捉えております。ライフイベントとキャリア形成の両立支援の観点から，法定を上回る水準での各種制度の整備などの「ハード面」の取り組みに加え，長時間労働の是正や有給休暇取得の促進，社員の意識改革など，「ソフト面」の取り組みを同時に推進しています。このような取り組みが評価され，当社は，「プラチナくるみん」，2つ星の「えるぼし」企業として認定されました。

＜具体的な取り組み事例＞
　・子女のみを帯同する海外駐在員への支援制度の導入
　・仕事と育児・介護の両立支援ハンドブックの作成
　・育児コンサルタントサービスの導入

・保育施設との提携

・アンコンシャスバイアス等に関する各種研修の実施

　また，社員一人ひとりが最大限に力を発揮するためには，心身の「健康」が最重要であり，これを基盤としてこそ，新たな価値創造を続けていくことができるという考えのもと，「イキイキワクワク健康経営宣言」を策定しております。

　加えて，高い付加価値を生み出すアウトプット志向の働き方を実践していくため，テレワーク制度とスーパーフレックス制度を導入しており，多様な個々人が最大限の力を発揮するとともに組織としてのアウトプットを最大化できる働き方を追求しております。このような制度の定着と意識改革等における全社レベルの取り組みが評価され，当社は，2019年に総務省が選定する「テレワーク先駆者100選」，2020年には「厚生労働大臣表彰（輝くテレワーク賞）」に選出されました。

　2022年度には，従業員意識調査（3年に一回）をエンゲージメントサーベイ（年一回）に置き換え，個と組織のつながりや社員の自発的貢献意欲を調査するとともに，社員による全社横断ワーキンググループを立ち上げ，改善が必要な分野の特定と対応に着手しております。

　こうした取り組みによって，多様な人材の力を競争力の源泉として活かし，当社グループとして，新たな価値の創造に挑戦し，さらなる成長ならびに企業価値の向上を図っていきます。

指標及び目標

指標	目標
1. 社員エンゲージメント指数 及び 社員を活かす環境指数	前年度比向上
2. 女性管理職比率、女性部長級比率 及び 女性取締役・監査役比率	＜2030年度での達成目標＞ 女性管理職比率：20%以上(2023年4月時点 8.4%) 女性部長級比率：10%以上(同上 1.4%) 女性取締役・監査役比率(※)：30%以上(同上 18.8%)

（※）日本経済団体連合会が2021年3月に公表した「2030年30%へのチャレンジ」に賛同し，設定したもの。

1. 社員エンゲージメント指数及び社員を活かす環境指数　上記の人材育成方針及び社内環境整備方針に基づき施策を実行することで，グローバル人材マネジメントポリシーに掲げる「目指す個の姿（Top Tier Professionalism）」「目指す組織の姿（Great Place to Work）」が実現するものと考えております。その過程で，エンゲージメントサーベイ（年一回）で計測する「社員エンゲージメント指数」「社員を活かす環境指数」が向上していくと考えており，当社における目標を上表のとおり設定しております。なお，エンゲー

ジメントサーベイは，2022年度は当社のみで実施しましたが，2023年度からは当社の国内海外拠点を含めたグローバルベースで実施する予定であります。

2. 女性管理職比率，女性部長級比率及び女性取締役・監査役比率

グローバルベースで様々な領域でプロフェッショナルとして活躍する女性を継続的に育成していくため，足下での状況を踏まえつつ，2030年度達成に向けた当社における目標を上表のとおり設定しております。

3 事業等のリスク

当社の事業その他に関するリスクとして投資者の判断に重要な影響を及ぼす可能性があると考えられる事項には以下のようなものがあります。

なお，文中における将来に関する情報は，別段の記載がない限り，当連結会計年度末日（2023年3月31日）現在における当社の判断，目標，一定の前提または仮定に基づく予測等であり，多くの要因によって実現しない可能性があり，また，予測等に基づき策定した中期経営計画を修正する可能性や達成できない可能性もあります。

（1） 当社グループにおけるリスクマネジメントの基本方針・体制 ⋯⋯⋯⋯⋯⋯

当社においては，「リスク」を「あらかじめ予測し若しくは予測していない事態の発生により損失を被る可能性」および「事業活動から得られるリターンが予想から外れる可能性」と定義し，以下3点をリスクマネジメントの目的としております。

① 「業績安定」

② 「体質強化」

③ 「信用維持」

当社は，営業活動を投資と商取引に大別の上，それぞれに固有のリスクファクターおよび双方に共通するリスクファクターを特定し，その発生する蓋然性及び発生した時の影響を分析・評価しております。

---

point **財政状態，経営成績及びキャッシュ・フローの状況の分析**

「事業等の概要」の内容などをこの項目で詳しく説明している場合があるため，この項目も非常に重要。自社が事業を行っている市場は今後も成長するのか，それは世界のどの地域なのか，今社会の流れはどうなっていて，それに対して売上を伸ばすために何をしているのか，収益を左右する費用はなにか，などとても有益な情報が多い。

（2）　事業投資に係るリスク ··

①　全般

　当連結会計年度末現在，当社は636社の連結子会社及び250社の持分法適用会社を有しています。当社では連結子会社及び持分法適用会社への投資に関しては，技術革新等を含む事業環境の変化や，パートナーの業績不振等により，計画した利益が獲得できず，投下資金の回収不能や撤退時における追加の資金負担といったリスクが考えられます。当社ではこれらリスクを管理するため，新規投資実行時及び実行後のモニタリングに大別して様々な制度を導入しています。

（a）　新規投資実行時

　取り組みの初期段階から「投資テーマ」を明確にし，デューデリジェンスによって重点的に検証しています。加えて，投資案件を選定するための厳格な投資規律の設定や，当該事業リスクに応じた割引率を適用することにより，投資対象の「適正な価格」を算定するなど，定性・定量の両面から評価を実施しています。また，投資案件の意思決定に際しては，案件の規模や重要性に応じて，検討・実行の各

段階において，各事業部門の投融資委員会乃至全社投融資委員会を開催し，個別案件の戦略上の位置付け，案件選定の背景・理由，並びに投資後のバリューアップ施策の前提とその確からしさなど投資の成否を左右する諸条件について，早い段階から議論を深掘りし課題の特定を行うとともに，その対応策も踏まえた案件実行可否につき審議しています。

(b) 投資実行後

　投資後の支援にあたっては，投資の意思決定時点において課題を明確にし，投資後もスムーズに課題解決に取り組める体制を整えています。特に重要な案件については，統合支援機能として「100日プラン（注）実行支援制度」があるほか，全社投融資委員会のもとで業績改善策の立案や実行をフォローする「重点フォローアップ制度」を設けています。更には，投資ポートフォリオの質の向上を目的としたモニタリング制度「フルポテンシャルプラン」を2018年度に導入しました。資本コスト（WACC）を上回るリターン（ROIC）を達成しているかどうかを測る，ROIC/WACC等複数の定量指標に基づくスコアリングによって，投資先を「健全先」，「健全化ロードマップ策定先」，「撤退候補先」の三つに分類の上，「重点フォローアップ制度」の対象である「重点フォローアップ対象先」と「健全化ロードマップ策定先」，「撤退候補先」を対象として，四半期ごとに業績やロードマップの進捗状況乃至撤退の取り組み状況をモニタリングしています。また，ロードマップの実現確度が十分ではないと判断される場合は，ロードマップの見直し，それでも健全化が困難と判断される場合は，撤退方針先に変更する等，明確な時間軸に基づく投資ポートフォリオのバリューアップ施策を通じ，中期経営計画「SHIFT 2023」にて掲げる「事業ポートフォリオのシフト」に取り組んでいます。また，同中期経営計画で掲げる「ガバナンスの高度化」を目的とし，投資先の事業に則したKAI，KPI設定を通じた経営の可視化，最適なマネジメントチームの組成，及び事業価値向上を促進するマネジメントの報酬設計等を通じ，事業会社における業務品質の向上を図っています。

　さらに，価値向上実現へのコミットメントを高めるべく，投資パフォーマンスに連動した報酬制度を導入しました。

（注）　投資実行直後の早い段階で，投資先のマネジメントと目標とすべき経営指標や財務指標を含めた事業価値最大化を図る中期計画の策定に向けた経営インフラ構築・整備活動。

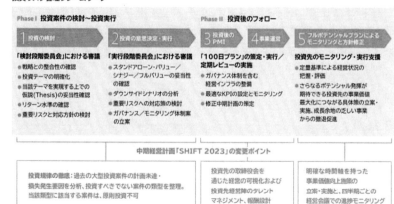

投資リスク管理フレームワーク

②　鉱物資源，石油，ガス開発・生産事業に係るリスク

　当社は，鉱物資源，石油，ガス等の開発事業を各国で展開しており，以下に例示するようなリスクを負っています。これらが顕在化することにより，当社の業績及び財政状態が悪影響を受ける可能性があります。

(a)　開発事業において，計画を超えた開発費用の増加や工期の遅延が起こること

(b)　事業参画前には専門家を起用して十分な地質調査を実施しますが，それにもかかわらず事業開始後に埋蔵量が変動すること

(c)　操業にかかわる技術的問題等に起因して，生産量が計画を下回り，あるいは生産コストが上昇すること

(d)　許認可の取得・更新の遅延，税制の変更，事業資産の接収や権利の侵害等，事業所在国の政府にかかわる事由に起因して計画が実現しないこと

　当社では，資源開発の知見に長けた人材からなる「資源・エネルギープロジェクト管理部」を立ち上げ，当該事業のプロジェクトマネジメントの強化に努めています。また，単一プロジェクトへの投資上限金額の設定や資源・エネルギーポートフォリオ中の生産未開始案件の割合を一定以下に保つなどのポートフォリオマネジメントを通じて，上記リスクの抑制に努めています。

（3） タイプ別リスク ···

① 信用リスク

　当社は取引先に対し，売掛債権，前渡金，貸付金，保証その他の形で信用供与を行っており，信用リスクを負っています。また，当社は，主としてヘッジを目的とするデリバティブ取引を活用しており，当該取引にも契約相手先の信用リスクが存在します。

　当社では，内部格付制度に基づく取引先等の信用力チェックや担保・保証等の取得，取引先の分散等により，かかるリスクの管理に努めており，また，上記の信用リスクが顕在化した場合に備えるため，取引先の信用力，担保価値その他一定の前提，見積り及び評価に基づいて貸倒引当金を設定していますが，予期せぬ要因等によりこれら取引先，契約相手先が，支払不能，契約不履行等に陥る場合，当社の業績及び財政状態が悪影響を受ける可能性があります。

② 商品市況の変動に係るリスク

　当社グループは金属・エネルギーを始めとする各種商品の売買を行っており，当該商品の価格変動リスクを負っています。

　当社は，商品毎の枠設定による管理体制の構築や，ヘッジ取引等によりリスクの軽減に努めており，主要な商品については，ポジション枠及び損失限度枠の設定，ミドル・バックオフィスの設置により職務分離を確保しています。

　また，当社グループは直接・間接的に鉱物・原油及びガス資源権益を保有しており，生産物の価格変動リスクを負っています。これら事業については，ヘッジポリシーを定め，ヘッジが必要と判断される場合は，デリバティブ取引等を用いてヘッジを実施することにより業績の下振れリスクを抑制しています。

③ カントリーリスク

　当社は，日本を含む60ヶ国以上において商取引及び事業活動を行っており，関係各国の政治・経済・社会情勢等の事業環境の変化に起因して生じる事業遅延・停止等が当社の業績及び財政状態に悪影響を与える可能性があります。

　当社は，案件毎に保険を付保するなどのリスク回避策を講じるとともに，社内国格付に応じたエクスポージャーの上限目安額を設定し，国毎のエクスポージャー管理を実施することにより事業ポートフォリオが適切な分散を保つよう管理して

います。

　ロシアおよびウクライナ関連ビジネスにおいては，住友商事グループの役職員とその家族，取引先をはじめとする，全てのステークホルダーの安心と安全を最優先事項として掲げています。また，取引先を含む事業パートナーやステークホルダーとの協議を踏まえ，社長を議長とする経営会議の管理の下で，住友商事の危機対応方針に即し対処しています。

④　金利・為替の変動に係るリスク

　当社は，事業資金を金融機関からの借入または社債・コマーシャルペーパーの発行等により調達しています。また，当社は取引先に対し，売掛債権，前渡金，貸付金，保証その他の形で信用を供与する場合があります。これらの取引により生ずる収益・費用及び資産・負債の公正価値は，金利変動の影響を受ける場合があります。

　また，当社が行う外貨建投資並びに外貨建取引により生ずる収益・費用及び外貨建債権・債務の円貨換算額，並びに外貨建で作成されている海外連結対象会社の財務諸表の円貨換算額は，外国為替レートの変動の影響を受ける場合があります。

　当社ではこれら金利変動，外国為替レートの変動によるリスクを回避するため，デリバティブ等を活用していますが，これらによりリスクが十分に回避できる保証はありません。

⑤　株式市場の変動に係るリスク

　当社が保有する市場性のある有価証券は，日本企業が発行する株式への投資が大きな割合を占めており，日本の株式市場が今後低迷した場合には，有価証券の公正価値の変動によって，当社の業績及び財政状態が悪影響を受ける可能性があります。また，当社の企業年金では，年金資産の一部を市場性のある株式により運用しています。よって，株価の下落は年金資産を目減りさせるリスクがあります。

⑥　不動産等，固定資産の価値下落に係るリスク

　当社は，日本及び海外において，オフィスビルや商業用施設，居住用不動産の開発，賃貸，保守・管理事業等の不動産事業を行っており，不動産市況が悪化

した場合には，業績及び財政状態が悪影響を受ける可能性があります。

　また，地価及び賃貸価格の下落が生じた場合には，当社が保有する賃貸用の土地及び建物，並びに開発用の土地及びその他の不動産の評価額について，減損処理を行う必要が生ずる可能性があります。

　不動産の他，当社が所有する他の固定資産についても減損のリスクに晒されており，当社の業績及び財政状態に悪影響を及ぼす可能性があります。

⑦　情報セキュリティに係るリスク

　当社は，情報セキュリティの重要性を認識しており，関連規程の整備や役職員への啓発，情報セキュリティを確保するための技術的な対策等を施し，情報資産を管理することに努めています。また，新型コロナウイルス感染拡大による在宅勤務者増加に対応すべくテレワーク環境の強化を行うとともに，情報システム利用環境の多様化に応じた情報セキュリティの強化を図っています。さらに，当社は事業活動の多くを情報システムの機能に依存していることから，情報システム運営の上でも安全性の確保にも努めています。しかしながら，サイバー攻撃が年々巧妙化する中，予期せぬ外部からのサイバー攻撃や不正アクセス，ウィルスやマルウェアの侵入，情報システムの機能不全等により，情報の漏洩・滅失・毀損，事業活動の一時的停止等，当社の事業活動が重大な悪影響を受ける可能性があります。

　これらのリスクに適切に対応するため，中期経営計画「SHIFT 2023」にて「ガバナンスの強化」を掲げ，チーフ・インフォメーション・オフィサーを委員長とするIT戦略委員会を中心に，2017年10月制定の「情報セキュリティ基本方針」に沿って，情報資産の適切な管理に努めています。また，外部からのサイバー攻撃や不正アクセス等に対してはシステム上の対策に加え，外部専門機関とも連携の上，最新情報を入手し，適切かつ迅速に対応できるように努めています。

⑧　リーガル・コンプライアンスリスク

　当社は，日本及び海外において，多種多様な事業活動を手掛けているため，広範な法律及び規制に服しています。これらの法律及び規制は，事業及び投資認可，輸出入活動（国家安全保障上の規制を含む），競争法制，汚職・腐敗行為防止，為替管理，金融商品取引，個人情報・データ保護，人権保護，環境保護，消費

者保護，関税及びその他の租税等の分野にわたることに加え，国によっては追加的または将来制定され得る関係の法律及び規制に新たに服する可能性があります。また，新興国においては，法令の欠如，法令の予期し得ない変更，並びに司法機関及び行政機関等による規制実務の変更によって，法令遵守のための当社における負担がより増加する可能性があります。

　これらの法律及び規制の遵守を徹底するため，当社は，コンプライアンスに関する最高責任者としてチーフ・コンプライアンス・オフィサーを置いており，チーフ・コンプライアンス・オフィサーは，コンプライアンス施策の企画，立案及びその実施につきコンプライアンス委員会から助言を受け，コンプライアンスに関する適切な施策を策定・実行しています。また，コンプライアンスの基本方針を住友商事グループ全体に明確に示すために，当社は，「住友商事グループ・コンプライアンスポリシー」を制定し，セミナーなどの継続的な啓発活動を通じて，グループ全体への「コンプライアンス最優先」および，万一，コンプライアンス上の問題が発生したときは直ちに上司あるいは関係部署に対して事態を報告し，最善の措置をとること，すなわち「即一報」の意識の浸透・徹底を図っており，コンプライアンス問題の発生防止に努めています。

　然しながら，このような取組みをもってしても，当社または当社グループに属する役職員が，現在または将来の法律及び規制を遵守できなかった場合には，罰金等のペナルティの対象になるとともに，事業が制約され，信用の低下を被る可能性があるため，当社の事業展開，業績，財政状態及び社会的信用に重大な悪影響を及ぼす可能性があります。

⑨　訴訟等に関するリスク

　当社は，日本及び海外において訴訟等の係争案件に関わっています。また，事業遂行上，偶発的に発生する訴訟等やそれに至らない請求等を受ける可能性があります。

　訴訟等に固有の不確実性を考慮すると，現時点において，当社の関わる訴訟等の結果を予測することはできません。また，これらの訴訟等で当社が勝訴するという保証や，将来において当社の社会的信用や当社の業績及び財務状況がそれらの訴訟等による悪影響を受けないという保証はありません。

⑩　社会・環境リスク

　当社グループは，世界中の異なる国・地域で，複数の分野に跨り事業を展開しており，その事業活動は，地球環境や地域社会，顧客，役職員などのステークホルダーにさまざまな影響をもたらします。そのため，当社グループの事業活動が，人々の人権や地球環境に負の影響を与えた場合には，その影響の解消・緩和や損害の賠償等による追加的費用の発生や事業の停止等によって，財政状態の悪化，信用の毀損等の影響を受ける可能性があります。

　当社は，社会・環境に配慮し，社会とともに持続的に成長することを目指し，「環境方針」「人権方針」「サプライチェーンCSR行動指針」を制定して，社会・環境問題に関する考え方を明確にしています。持続可能な調達を要する主要な天然資源についても，個別の方針を制定して取り組んでいます。事業活動が与える社会・環境面への影響を適切に管理するために，新規投資の際には，各事業の社会・環境への関わりや影響，それらの管理の状況を確認し，投資実行後も，定期的なモニタリングを行うなど，社会・環境リスク管理の全社的なフレームワークを整えています。

　世界的な重要課題である気候変動に関しては，事業を通じて，社会の持続可能な発展に必要な気候変動問題の解決，カーボンニュートラルな社会の実現に貢献する方針を掲げ，発電事業において経営資源を再生可能エネルギーなど，より環境負荷の低い発電ポートフォリオに継続的にシフトする等の取り組みを進めています。

　また，人権の尊重に関しては，当社グループの全事業とサプライチェーンにおいて人権が尊重されるよう努めることを目標に掲げ，当社の全事業・サプライチェーンを対象にした人権デューデリジェンスの取り組みを開始しています。この取り組みを通じて人権リスクを特定した上で，その低減・防止に努めます。

⑪　自然災害等に関するリスク

　当社が事業活動を展開する国や地域において地震，津波，大雨，洪水などの自然災害，または新型インフルエンザ等の感染症が発生した場合に，当社の事業に悪影響を与える可能性があります。当社では地震災害等に備え，災害対策マニュアルや事業継続計画（BCP）の作成，社員の安否確認システムの構築，災害用物

資の備蓄，防災訓練，建物・システムの耐震化及びデータのバック・アップ等の対策を講じていますが，これによって災害による被害を十分に回避できる保証はありません。

⑫　**オペレーショナルリスク**

当社は，事業部門，国内外の地域組織及び全世界のグループ会社を通じて，幅広い分野でビジネスを展開しており，夫々の組織において内部統制を適切に構築する必要があります。然しながら，当社が内部統制を適切に構築したとしても，役職員の事務処理ミスや不正行為などのオペレーショナルリスクを，完全に防止することが出来る保証はありません。事務処理ミスや不正行為が発生した場合，当社は財政状態の悪化，信用の毀損等の悪影響を受ける可能性があります。

これらのリスクを出来る限り抑えるために，当社では中期経営計画「SHIFT 2023」にて「ガバナンスの強化」を掲げ，適切な内部統制の構築・グループガバナンスの高度化に取り組んでいます。

⑬　**資金の流動性に関するリスク**

当社は，事業資金を金融機関からの借入または社債・コマーシャルペーパーの発行等により調達しています。金融市場の混乱や，金融機関が貸出を圧縮した場合，また，格付会社による当社の信用格付の大幅な引下げ等の事態が生じた場合，当社は，必要な資金を必要な時期に，希望する条件で調達できない等，資金調達が制約されるとともに，調達コストが増加する可能性があり，当社の業績及び財政状態に悪影響を与える可能性があります。

そのため，現預金，コミットメントライン等の活用により十分な流動性を確保するとともに，調達先の分散や調達手段の多様化に努めており，これにより，中期経営計画「SHIFT 2023」にて掲げる「財務健全性の維持・向上」を図ります。

⑭　**繰延税金資産に関するリスク**

当社及び連結子会社は繰延税金資産の回収可能性の評価を，有税償却に関する無税化の実現可能性やその時期，当社及び連結子会社の課税所得の予想など，現状入手可能な全ての将来情報を用いて判断しています。当社及び連結子会社は，回収可能性を見込めると判断した部分について繰延税金資産を計上していますが，将来における課税所得の見積もりの変更や法定税率の変更を含む税制改正な

どにより回収可能額が変動する可能性があります。

　また，経営環境悪化に伴う事業計画の目標未達などにより，将来の課税所得の見込みが，現在のタックス・プランニング上の見込みよりも低下した場合，繰延税金資産の回収可能額が減少し，繰延税金資産を減額することになり，当社及び連結子会社の業績及び財政状態に悪影響を及ぼす可能性があります。

⑮　**人材確保に関するリスク**

　当社グループが事業を展開する地域・分野及びビジネスモデルは劇的に多様化しており，環境は非連続かつ相当なスピードで変化しています。ビジネスを展開するにあたって，特定分野に高度な専門性及び経験を持った人材が必要となる可能性は常にあります。当社では，社内外のTopTierプロフェッショナル人材を確保するために，通年採用，健康経営・働き方改革の推進，「Diversity, Equity and Inclusion」多様な価値観やアイデアを受け容れ，活かす文化・意識の醸成等，より魅力的な職場環境の整備に取り組んでいます。

　しかしながら，ビジネスモデルの急激な変化により特定の専門人材に対する需要が急増する，あるいは当該専門人材に対する労働市場が成熟しておらず，加えて当社の人材確保・育成の取り組みをもっても十分な対応が想定通りに進まない場合，当社の事業が悪影響を受ける可能性があります。

(4)　**集中リスク** ⋯⋯⋯⋯⋯⋯⋯⋯⋯⋯⋯⋯⋯⋯⋯⋯⋯⋯⋯⋯⋯⋯⋯⋯⋯⋯⋯⋯⋯⋯⋯

　当社グループの商取引及び投資活動において，特定の国，分野，または取引先に対するエクスポージャーが集中するリスクがあります。事業環境の悪化等により当社が期待するリターンが得られない，もしくは損失を被る場合は，当社の業績及び財政状態に悪影響を及ぼす可能性があります。

　当社は，特定の国・地域に対するリスクエクスポージャーの過度な集中を防ぐために，カントリーリスク管理制度を設けています。また，特定分野への過度な集中を避け，バランスの取れた事業ポートフォリオを構築するために，戦略会議や大型・重要案件の審議機関である投融資委員会において，事業部門やビジネスラインへ配分する投下資本額について十分なディスカッションを行っています。また，当社グループとして成約残及び債権残が高額になる取引先については定期

的に状況をモニターしています。具体的な取り組みは以下の通りです。

- ・当社が抱えるエクスポージャーが大きい特定の国については，前述のカントリーリスク管理制度に則りきめ細かく管理しています。
- ・資源・エネルギー上流案件については，エクスポージャー上限枠の設定並びに定期的なプロジェクト価値のモニタリングを実施しています。
- ・定期的に大口債権残・成約残のある先との取引状況や当該取引先の経営状況等の情報を把握し，管理しています。

4　経営者による財政状態，経営成績及びキャッシュ・フローの状況の分析

(1)　企業環境 ··

　当期の世界経済は，コロナ禍以降の財政や金融などの政策支援を背景に緩やかな持ち直しの動きが続いてきましたが，物価の急激な上昇とその抑制のための金融引締めを背景に緩慢な動きとなりました。物価については，生産能力不足や供給網の目詰まりにより需給全般がひっ迫したことに加えて，ロシア・ウクライナ情勢を契機に世界の分断が顕著となったことで，エネルギーや食料品を中心に幅広い品目で価格が急騰しました。また，サービス業を中心とした労働需給のひっ迫による賃金上昇圧力も相まって，約40年ぶりとなる高いインフレ率を記録しましたが，多くの国や地域で物価抑制のための金融引締めが行われたことから，その騰勢は徐々に緩やかとなりました。一方で，一部の金融機関では金利上昇の影響で経営が不安定となり，米国では中堅銀行が破綻し，欧州では政府主導により大手銀行が吸収合併されるなど，混乱が生じました。

　国際商品市況は，ロシア・ウクライナ情勢の影響を受け，原油・石油製品，天然ガス，石炭，小麦などロシアの主要輸出品を中心に価格水準が大幅に上昇しました。また，ニッケルの価格が短期間で急騰したことにより先物市場が取引停止を強いられるなど，市場における価格変動の度合いはかつてないほど大きくなりました。商品価格の高騰を受けて，各国政府が備蓄在庫の市場放出や物流の安全確保，エネルギー価格の上限設定などの対応を取ったことや，欧州の暖冬により液化天然ガスを中心にエネルギー需給が緩和したことから，商品価格はエネルギーや農産物を中心にロシア・ウクライナ情勢以前の水準に戻りつつありますが，

市場を取り巻く環境は，この１年で深まった世界での様々な分断により，依然として不安定な状態が続いています。

　国内経済は一進一退の動きに留まりました。世界的な物価上昇に加え，約四半世紀ぶりの水準まで進行した円安を背景に，国内物価は大幅に上昇し，日常生活がウィズコロナへと移行するなかで回復基調にあった経済活動の重しとなりました。また，経常収支の黒字こそ維持されたものの，石油や石炭など資源価格の高騰により物品の輸入金額が急増したことや，ウェブ広告などの海外からのサービスの輸入も急増したことにより，貿易・サービス収支はかつてない金額の赤字となりました。

（2）　業績

　当期の収益は，6兆8,179億円となり，前期の5兆4,950億円に比べ，1兆3,229億円の増益となりました。売上総利益は，1兆2,348億円となり，前期の1兆96億円に比べ，2,251億円の増益となりました。これは北米鋼管事業や資源・エネルギートレードが好調に推移したことにより増益となったことなどによるものです。販売費及び一般管理費は，8,117億円となり，前期の7,139億円に比べ，978億円の増加となりました。固定資産損益は，133億円の利益となり，前期の126億円の損失に比べ，259億円の増益となりました。これは不動産事業で大口案件の引渡しがあったことにより増益となったことなどによるものです。持分法による投資損益は，2,522億円の利益となり，前期の1,768億円の利益に比べ，754億円の増益となりました。これは資源価格の上昇により増益となったことに加え，航空機リース事業で前期にロシア・ウクライナ関連の損失を計上した反動などによるものです。これらの結果，親会社の所有者に帰属する当期利益は，5,652億円となり，前期の4,637億円に比べ，1,015億円の増益となりました。

（3）　事業セグメント

　当社は，6つの業種に基づくセグメント（事業部門）により事業活動を行っております。

　6つのセグメントは金属事業部門，輸送機・建機事業部門，インフラ事業部門，

メディア・デジタル事業部門，生活・不動産事業部門，資源・化学品事業部門
から構成されております。2022年4月1日付で，輸送機・建機事業部門傘下にあっ
た精密農業事業を資源・化学品事業部門傘下の組織に移管しました。また，同日
付で，メディア・デジタル事業部門傘下にあったデジタルヘルス事業を生活・不
動産事業部門傘下の組織に移管しました。これに伴い，前期のセグメント情報は
組替えております。

　前期及び当期の売上総利益，当期利益（親会社の所有者に帰属）の事業セグメ
ント別実績は以下のとおりであります。

事業セグメント別売上総利益の内訳

	前期 （自2021年4月1日 至2022年3月31日） （億円）	当期 （自2022年4月1日 至2023年3月31日） （億円）	増減額 （億円）	増減率 （％）
金属	1,403	2,204	802	57.2
輸送機・建機	1,894	2,610	717	37.9
インフラ	715	598	△117	△16.3
メディア・デジタル	1,110	1,213	103	9.3
生活・不動産	2,227	2,428	201	9.0
資源・化学品	2,712	3,297	585	21.6
計	10,060	12,350	2,290	22.8
消去又は全社	36	△2	△39	－
連結	10,096	12,348	2,251	22.3

事業セグメント別当期利益（親会社の所有者に帰属）の内訳

	前期 （自2021年4月1日 至2022年3月31日） （億円）	当期 （自2022年4月1日 至2023年3月31日） （億円）	増減額 （億円）	増減率 （％）
金属	552	1,104	552	100.0
輸送機・建機	349	920	570	163.2
インフラ	333	208	△125	△37.4
メディア・デジタル	393	130	△263	△66.9
生活・不動産	442	590	148	33.5
資源・化学品	2,473	2,669	196	7.9
計	4,542	5,620	1,078	23.7
消去又は全社	95	32	△63	△66.8
連結	4,637	5,652	1,015	21.9

金属事業部門

　当期の売上総利益は2,204億円となり，前期の1,403億円に比べ，802億円（57.2%）の増益となりました。当期利益（親会社の所有者に帰属）は，1,104億円となり，前期の552億円に比べ，552億円（100.0%）の増益となりました。これは北米鋼管事業において，市況が好調に推移したことや，海外スチールサービスセンター事業が堅調に推移したことにより増益となったことなどによるものです。

輸送機・建機事業部門

　当期の売上総利益は2,610億円となり，前期の1,894億円に比べ，717億円（37.9%）の増益となりました。当期利益（親会社の所有者に帰属）は，920億円となり，前期の349億円に比べ，570億円（163.2%）の増益となりました。これはモビリティ事業において，製造事業で減損損失の計上があるも，流通事業を中心に堅調に推移したことや，北米を中心とした建機関連事業及びリース事業が堅調に推移したことに加え，前期に航空機リース事業でロシア・ウクライナ関連の一過性損失を計上した反動により増益となったことなどによるものです。

インフラ事業部門

　当期の売上総利益は598億円となり，前期の715億円に比べ，117億円（16.3%）の減益となりました。当期利益（親会社の所有者に帰属）は，208億円となり，前期の333億円に比べ，125億円（37.4%）の減益となりました。これは海外発電事業が堅調に推移した一方，国内電力小売事業で電力調達価格高騰の影響があったことなどによるものです。

メディア・デジタル事業部門

　当期の売上総利益は1,213億円となり，前期の1,110億円に比べ，103億円（9.3%）の増益となりました。当期利益（親会社の所有者に帰属）は，130億円となり，前期の393億円に比べ，263億円（66.9%）の減益となりました。これは国内主要事業会社が堅調に推移した一方，ミャンマー通信事業で持分法投資の減損損失を計上したほか，エチオピア通信事業で立ち上げコストが増加したことなどによるものです。

生活・不動産事業部門

当期の売上総利益は2,428億円となり，前期の2,227億円に比べ，201億円（9.0％）の増益となりました。当期利益（親会社の所有者に帰属）は，590億円となり，前期の442億円に比べ，148億円（33.5％）の増益となりました。これは国内スーパーマーケット事業で減益となった一方，不動産事業で大口案件の引渡しがあったことにより増益となったことなどによるものです。

資源・化学品事業部門

当期の売上総利益は3,297億円となり，前期の2,712億円に比べ，585億円（21.6％）の増益となりました。当期利益（親会社の所有者に帰属）は，2,669億円となり，前期の2,473億円に比べ，196億円（7.9％）の増益となりました。これは資源・エネルギー価格が上昇したことに加え，資源・エネルギートレードが好調に推移したことや，化学品・エレクトロニクスビジネスが堅調に推移したことにより増益となったことなどによるものです。

（4）　仕入，成約及び販売の実績

① 仕入の状況

　　仕入は販売と概ね連動しているため，記載は省略しております。

② 成約の状況

　　成約は販売と概ね連動しているため，記載は省略しております。

③ 販売の状況

　　当期において，北米鋼管事業における販売価格及び数量の増加並びに資源価格の上昇等により，前期と比較して収益が大幅に増加しております。上記「（2）業績」及び「第5　経理の状況連結財務諸表注記　4　セグメント情報」をご参照ください。

（5）　連結包括利益計算書における主要な項目

以下は，連結包括利益計算書における主要な項目についての説明であります。

収益

当社では，収益を，商品販売に係る収益とサービス及びその他の販売に係る収

益に区分して表示しております。

　商品販売に係る収益としては，以下の取引に関連して発生する収益が含まれております。

- ・卸売，小売，製造・加工を通じた商品の販売
- ・不動産の開発販売
- ・長期請負工事契約に係る収益

サービス及びその他の販売に係る収益としては，以下の取引に関連して発生する収益が含まれております。

- ・ソフトウェアの開発に関連するサービス
- ・賃貸用不動産，船舶などの貸付金，ファイナンス・リース及びオペレーティング・リース

売上総利益

　売上総利益は，以下により構成されております。

- ・当社が主たる契約当事者として関与する取引における総利益
- ・当社が代理人等として関与する取引における手数料

　収益が総額で計上される場合，販売に直接寄与する第三者への費用または手数料は，商品販売に係る原価として計上され，売上総利益は，収益の総額から販売に係る原価を差引いた金額となります。当社はサービス及びその他の販売に係る収益の一部として手数料を計上しますが，この手数料は純額表示されるため，結果としてサービス及びその他の販売が売上総利益に占める比率は，収益合計に占める比率よりも大きくなっております。当期，サービス及びその他の販売が収益合計に占める比率は8.5％ですが，売上総利益に占める比率は22.3％となっております。

固定資産評価損益

　棚卸資産，繰延税金資産及び生物資産を除く当社の非金融資産の帳簿価額については，期末日ごとに減損の兆候の有無を判断しております。減損の兆候が存在する場合は，当該資産の回収可能価額を見積り，のれん及び耐用年数を確定できない，または未だ使用可能ではない無形資産については，回収可能価額を毎年同じ時期に見積った上で，資産または資金生成単位の帳簿価額が回収可能価額を

超過する場合には，減損損失を認識しております。また，減損損失の戻し入れを行った場合は当該戻し入れ金額も含めております。

固定資産売却損益

当社は，資産のポートフォリオの戦略的かつ積極的な入替えを図っております。その結果，不動産の含み益を実現するために売却する場合や，価格の下落した不動産を売却する場合，売却損益を計上することになります。

受取配当金

受取配当金には，当社の子会社及び持分法適用会社以外で，当社が株式を保有している会社からの配当金が計上されております。

有価証券損益

当社は事業活動の一環として相応の規模の投資を行っております。これらの投資対象のうち，公正価値で測定し，その変動を当期利益で認識する金融資産（以下，FVTPLの金融資産）は公正価値で当初認識しております。当初認識後は公正価値の変動を当期利益で認識しております。また，償却原価で測定される金融資産は，公正価値（直接帰属する取引費用も含む）で当初認識しております。当初認識後，償却原価で測定される金融資産の帳簿価額については実効金利法を用いて算定し，帳簿価額の変動について，必要な場合には減損損失を認識しております。償却原価で測定される金融資産並びに子会社及び持分法適用会社への投資等を売却する際に，売却損益を認識しております。

持分法による投資損益

投資戦略やビジネスチャンスの拡大に関連して，当社は，各セグメントで状況に応じ，新規または既存の会社の買収や出資，他の企業とのジョイント・ベンチャーの結成，または同業他社とのビジネス・アライアンスの組成を行っております。一般的に，当社は，出資比率が20％以上50％以下である会社の投資に対し，その持分利益や損失を計上しております。

FVTOCIの金融資産

公正価値で測定し，その変動をその他の包括利益で認識する金融資産（以下，FVTOCIの金融資産）は，公正価値（直接帰属する取引費用も含む）で当初認識しております。当初認識後は公正価値で測定し，公正価値の変動をその他の包括

利益で認識しております。

確定給付制度の再測定

　当社は，確定給付負債（資産）の純額の再測定を，その他の包括利益で認識しております。

在外営業活動体の換算差額

　在外営業活動体の資産・負債（取得により発生したのれん及び公正価値の調整を含む）については期末日の為替レート，収益及び費用については期中平均レートを用いて日本円に換算しており，在外営業活動体の財務諸表の換算から生じる為替換算差額はその他の包括利益で認識しております。当社のIFRS移行日以降，当該差額はその他の資本の構成要素である「在外営業活動体の換算差額」として表示しております。

キャッシュ・フロー・ヘッジ

　デリバティブを，認識済み資産・負債，または当期利益に影響を与え得る発生可能性の非常に高い予定取引に関連する特定のリスクに起因するキャッシュ・フローの変動をヘッジするためのヘッジ手段として指定した場合，デリバティブの公正価値の変動のうちヘッジ有効部分は，その他の包括利益で認識しております。

(6)　重要な会計方針及び見積り

　IFRSに基づく連結財務諸表の作成にあたり，期末時点の資産・負債の計上や偶発資産及び偶発債務の開示，並びに期中の収益費用の適正な計上を行うため，マネジメントによる見積りや前提が必要とされます。当社は，過去の実績，または，各状況下で最も合理的と判断される前提に基づき，一貫した見積りを実施しております。資産・負債及び収益費用を計上する上で客観的な判断材料が十分でない場合は，このような見積りが当社における判断の基礎となっております。従って，異なる前提条件の下においては，結果が異なる場合があります。以下，当社の財政状態や経営成績にとって重要であり，かつ相当程度の経営判断や見積りを必要とする重要な会計方針につき説明します。なお，当社の主な会計方針は，「第5経理の状況連結財務諸表注記　3　重要な会計方針」を参照願います。

金融資産の減損

　当社は，償却原価で測定する金融資産，リース債権，契約資産及びその他の包括利益を通じて公正価値で測定する負債性金融資産に係る減損については，当該金融資産に係る予想信用損失に対して損失評価引当金を認識しております。

　当社は，信用リスクの変動及び予想信用損失の算定にあたっては，主に当社独自の信用格付けであるSumisho Credit Rating（SCR）を用いております。これには，債務者の過去の貸倒実績，現在の財務状態及び合理的に利用可能な将来予測情報等が含まれております。

公正価値で測定する金融資産

　当社は，有価証券やその他の投資等の金融資産を保有しており，FVTOCIの金融資産と，FVTPLの金融資産とに分類しております。当社は，投資先企業との取引関係の維持・強化による中長期的な収益の拡大などを目的として保有しており，公正価値の変動を業績評価指標としていない金融資産をFVTOCIの金融資産として分類し，公正価値の変動を獲得するために保有し，業績評価指標としている金融資産をFVTPLの金融資産として分類しております。当該金融資産の公正価値は，市場価格，割引将来キャッシュ・フローや純資産に基づく評価モデル等の評価方法により算定しております。

非流動資産の回収可能性

　当社は，様々な非流動資産を保有しており，持分法で会計処理されている投資や無形資産などの非流動資産について，帳簿価額の回収可能性を損なうと考えられる企業環境の変化や経済事象が発生した場合には，減損テストを行っております。実際に減損の兆候があるかどうかの判定に際しては，様々な見積りや前提が必要となります。例えば，キャッシュ・フローが直接的に減損の懸念がある資産に関係して発生しているのかどうか，資産の残存耐用年数がキャッシュ・フローを生み出す期間として適切かどうか，生み出すキャッシュ・フローの額が適切かどうか，及び，残存価額が適切かどうか，などを考慮しなければなりません。また，のれん及び耐用年数を確定できない無形資産について，少なくとも年1回，更に減損の発生が予測される場合は，その都度，減損テストを実施しております。減損テスト時には，資産の回収可能価額を見積っております。資産または資金生成

単位の回収可能価額は使用価値と処分費用控除後の公正価値のうち，いずれか高い金額としております。使用価値の算定において，見積将来キャッシュ・フローは，貨幣の時間的価値及び当該資産の固有のリスクを反映した税引前の割引率を用いて現在価値に割引いております。当社では，過去の経験や社内の事業計画，及び適切な割引率を基礎として将来キャッシュ・フローを見積っております。これらの見積りは，事業戦略の変更や，市場環境の変化により，重要な影響を受ける可能性があります。なお，非流動資産の回収可能性に関連する会計上の見積りのうち，重要なものは以下になります。詳細については，「第5　経理の状況連結財務諸表注記11持分法適用会社に対する投資，注記13無形資産」を参照願います。

①　マダガスカルニッケル事業

　AMBATOVY MINERALS S. A.及びDYNATEC MADAGASCAR S. A.（以下，プロジェクト会社）の固定資産に減損の兆候が認められ，かつ，減損テストの結果，回収可能価額が固定資産の帳簿価額を下回った場合には，当社において持分相当額を持分法投資損失として認識いたします。プロジェクト会社における固定資産の回収可能価額を算定する場合は，使用価値と処分コスト控除後の公正価値のいずれか高い方が採用されます。固定資産の減損の兆候に関する判断及び回収可能価額の見積りには，プロジェクト会社の生産状況，将来の資源価格（主にニッケル及びコバルト等の中・長期予想価格），可採埋蔵量，割引率といった重要な仮定が使用されます。

②　欧米州青果事業

　欧米州青果事業において，のれん及び耐用年数を確定できない無形資産の減損テストは，複数の資金生成単位グループに分けて実施しており，回収可能価額は使用価値に基づき算定しております。使用価値は，取得価額の前提とした事業計画に対して，直近の事業環境を反映させた将来キャッシュ・フローの現在価値を用いて，独立した鑑定人の支援を受け，評価しております。使用価値に大きく影響を及ぼす仮定は，バナナ＆パイン事業における販売数量・マージン・割引率等であります。

③ 北欧駐車場事業

北欧駐車場事業において，のれん及び耐用年数を確定できない無形資産の減損テストは，事業全体を一つの資金生成単位グループとして実施しており，回収可能価額は使用価値に基づき算定しております。使用価値の見積りにおいては，取得価額の前提とした事業計画に対して，直近の事業環境を反映させた将来キャッシュ・フローの現在価値を用いて，独立した鑑定人の支援を受け，評価しております。使用価値に大きく影響を及ぼす仮定は，将来の時間貸し駐車場収益，割引率等であります。

繰延税金資産の回収可能性

当社は，繰延税金資産の全部または一部について，回収が不確実となった場合に，マネジメントの判断により，減額しております。繰延税金資産の回収可能性の評価にあたっては，繰延税金資産計上の根拠となっている将来の一時差異の解消が見込まれる期間内，または，繰越欠損金の繰越可能期間内に，納税地において将来十分な課税所得を生み出せるかどうかを評価しなければなりません。当社では，有利・不利に関わらず，入手可能なすべての根拠・確証を用いてこの評価を実施しております。繰延税金資産の評価は，見積りと判断に基づいております。納税地での将来の課税所得に影響を与える当社の収益力に変化があった場合，現状の繰延税金資産の回収可能性の評価も変わる場合があります。

引当金の測定

引当金は，過去の事象の結果として，当社が，現在の法的または推定的債務を負っており，当該債務を決済するために経済的資源の流出が生じる可能性が高く，その債務の金額が合理的に見積り可能である場合に認識しております。引当金は，見積将来キャッシュ・フローを貨幣の時間的価値及び当該負債に特有のリスクを反映した税引前の利率を用いて現在価値に割引いております。

確定給付債務の測定

確定給付型年金制度は，確定拠出型年金制度以外の退職後給付制度であります。確定給付型年金制度に関連する当社の純債務は，制度ごとに区別して，従業員が過年度及び当年度において提供したサービスの対価として獲得した将来給付額を見積り，当該金額を現在価値に割引き，制度資産の公正価値を差し引くこと

によって算定しております。割引率は，当社の債務と概ね同じ満期日を有するもので，期末日において信用格付AAの債券の利回りであります。この計算は，毎年，年金数理人によって予測単位積増方式を用いて行っております。

（7）資産及び負債・資本

　当期末の資産合計は，10兆1,063億円となり，前期末の9兆5,822億円に比べ，5,241億円の増加となりました。これは円安の影響による増加に加え，営業資産や持分法投資が増加したことなどによるものです。

　資本のうち親会社の所有者に帰属する持分合計は，3兆7,795億円となり，前期末の3兆1,978億円に比べ，5,817億円の増加となりました。これは配当金の支払い及び自己株式を取得した一方，円安の影響による増加に加え，親会社の所有者に帰属する当期利益を認識したことなどによるものです。

　現預金ネット後の有利子負債（注1）は，2兆4,844億円となり，前期末の2兆2,737億円に比べ，2,107億円の増加となりました。

　これらの結果，ネットのデット・エクイティ・レシオ（有利子負債（ネット）／親会社の所有者に帰属する持分合計）は，0.7倍となりました。

（8）キャッシュ・フロー

　営業活動によるキャッシュ・フローは，運転資金が増加した一方で，コアビジネスが着実に資金を創出し，基礎収益キャッシュ・フロー（注2）が5,093億円のキャッシュ・インとなったことなどから，合計で2,328億円のキャッシュ・インとなりました。

　投資活動によるキャッシュ・フローは，国内不動産案件の売却やボリビア銀・亜鉛・鉛事業の売却，及び北海油田英領事業の売却などの資産入替による回収があった一方で，国内外不動産案件の取得や住友精密工業に対する公開買付けの実施などの投融資を行ったことなどから，915億円のキャッシュ・アウトとなりました。

　これらの結果，営業活動によるキャッシュ・フローに投資活動によるキャッシュ・フローを加えたフリーキャッシュ・フローは，1,413億円のキャッシュ・

インとなりました。

　財務活動によるキャッシュ・フローは，借入を実施した一方，配当金の支払や自己株式の取得，及びリース負債の支出などにより，2,505億円のキャッシュ・アウトとなりました。

　以上に加え，為替変動による影響などを加味した結果，現金及び現金同等物の当期末残高は，6,569億円となり，前期末の7,338億円に比べ，770億円の減少となりました。

(注1)　有利子負債＝社債及び借入金（流動・非流動）の合計（リース負債は含まれておりません）
(注2)　基礎収益キャッシュ・フロー＝（売上総利益＋販売費及び一般管理費（除く貸倒引当金繰入額）＋利息収支＋受取配当金）×（1－税率）＋持分法投資先からの配当

(9)　資金調達と流動性

　当社の財務運営は財務健全性の維持・向上を基本方針とし，低利かつ中長期にわたり，安定的な資金調達を行うこと，及び十分な流動性の保持を図ることとしております。当社グループ内での資金管理については，グループファイナンスを整備し，資金調達を当社及び金融子会社，海外現地法人に集中した上で，キャッシュ・マネジメント・システムを通じて，当社グループ内で資金を効率的に活用する体制を整えております。

　当社は総額3兆1,521億円の社債及び借入金を有しており，このうち短期の借入金は，前期比777億円増加の3,414億円で，内訳は短期借入金（主として銀行借入金）2,489億円，コマーシャルペーパー925億円となっております。

　一年以内に期限の到来する社債及び長期借入金3,440億円を含めた当期の社債及び長期借入金は，前期比530億円増加の2兆8,107億円となっております。このうち，銀行及び保険会社からの長期借入残高は，前期比490億円増加の2兆3,176億円，社債残高は前期比41億円増加の4,931億円となっております。

　当社の銀行からの借入の多くは，日本の商慣行上の規定に基づいております。当社は，このような規定が当社の営業活動や財務活動の柔軟性を制限しないと確信しておりますが，いくつかの借入契約においては，財務比率や純資産の最低比率の維持が求められております。さらに，主に政府系金融機関との契約においては，当社が増資や社債の発行等により資金を調達した際に，当該金融機関から，

当該借入金の期限前返済を求められる可能性があり，また，一部の契約では当社の剰余金の配当等について当該金融機関の事前承認を請求される可能性があります。当社は，このような請求を受けたことはなく，今後も受けることはないと判断しております。

　詳細は，「3　事業等のリスク（3）タイプ別リスク　⑬　資金の流動性に関するリスク」を参照願います。

　資金調達については，各金融機関との良好な関係に基づく銀行借入等の間接金融を中心に，コマーシャルペーパーや社債等の直接金融との適切なバランスに留意し，調達期間の長期化を通じた償還期日の分散等による安定的な調達構造を構築しております。外貨建ての資金調達については，銀行借入や外貨建て社債発行，通貨スワップの他，金融子会社，海外現地法人におけるコマーシャルペーパー，ユーロMTN等の活用によって資金調達ソースの多様化に取り組んでおります。また，2022年3月にグリーンファイナンス・フレームワークを策定し，本フレームワークに基づき同年5月にグリーンボンド200億円を発行しております。

　なお，当社は，資本市場での直接調達を目的として，以下の資金調達プログラムを設定しており，当期末時点での当社の長期及び短期の信用格付は，ムーディーズでBaa1（見通し安定的）/P-2，スタンダード＆プアーズでBBB+（見通しポジティブ）/A-2，格付投資情報センターでA+（見通しポジティブ）/a-1となっております。

（スタンダード＆プアーズについては，提出日現在，A-（見通し安定的）/A-2となっております。）

・3,000億円の国内及び海外公募普通社債発行登録枠
・国内における5,000億円のコマーシャルペーパー発行枠
・米州住友商事により設定された，1,500百万米ドルのコマーシャルペーパープログラム
・当社，英国のSumitomo Corporation Capital Europe（以下，「SCCE」という。），米州住友商事及びシンガポールのSumitomo Corporation Capital Asiaが共同で設定した3,000百万米ドルのユーロMTNプログラム
・SCCEが設定した1,500百万米ドルのユーロコマーシャルペーパープログラ

（point）**設備投資等の概要**

　　セグメントごとの設備投資額を公開している。多くの企業にとって設備投資は競争力
　　向上・維持のために必要不可欠だ。企業は売上の数％など一定の水準を設定して毎年
　　設備への投資を行う。半導体などのテクノロジー関連企業は装置産業であり，技術発
　　展がスピードが速いため，常に多額の設備投資を行う宿命にある。

ム

　保有流動性については，金融市場の混乱等，複数の有事シナリオを想定し，当
期末時点で現預金と国内外の主要な金融機関との総額1,210百万米ドル，及び
2,850億円を上限とする以下の長期コミットメントラインを中心に，当社及び当
社子会社における資金需要や1年内に期日が到来する借入や社債の償還資金等を
補完する十分な流動性を確保しております。なお，当有価証券報告書の提出日ま
でに，これらのコミットメントラインに基づく借入はありません。また，これら
のコミットメントラインには，借入の実行を制限する重大なコベナンツ，格付ト
リガー条項などは付されておりません。なお，これらのコミットメントラインの
ほかに，当社は，コミットメントベースでない借入枠を有しております。

・米国及び欧州の大手銀行によるシンジケート団との間で締結した，1,060
　百万米ドルのマルチ・カレンシー（円・米ドル・ユーロ建）／マルチ・ボロ
　ワー（住友商事及び英国，米国，シンガポールにおける当社子会社への融資）
　型長期コミットメントライン

・大手米銀との間に締結した，米州住友商事への100百万米ドルの長期コミッ
　トメントライン

・大手欧銀との間に締結した，SCCEへの50百万米ドルのマルチ・カレンシー
　（円・米ドル・ユーロ・ポンド建）型長期コミットメントライン

・大手邦銀のシンジケート団による1,500億円の長期コミットメントライン
　（内，790億円はマルチ・カレンシー型）

・有力地方銀行のシンジケート団による1,350億円の長期コミットメントライ
　ン

(point) **主要な設備の状況**

　「設備投資等の概要」では各セグメントの1年間の設備投資金額のみの掲載だが，ここ
　ではより詳細に，現在セグメント別，または各子会社が保有している土地，建物，機
　械装置の金額が合計でどれくらいなのか知ることができる。

資金調達の内訳

		前期 (2022年3月31日) (億円)	当期 (2023年3月31日) (億円)
短期		2,637	3,414
	借入金(主に銀行より調達)	1,997	2,489
	コマーシャルペーパー	640	925
長期(一年以内期限到来分を含む)		27,577	28,107
担保付			
	借入金	2,353	2,279
無担保			
	借入金	20,334	20,897
	社債	4,890	4,931
有利子負債合計(グロス)		30,214	31,521
現金及び現金同等物並びに定期預金		7,477	6,677
有利子負債合計(ネット)		22,737	24,844
資産合計		95,822	101,063
親会社の所有者に帰属する持分合計		31,978	37,795
親会社所有者帰属持分合計比率(%)		33.4	37.4

	前期	当期
デット・エクイティ・レシオ(グロス)(倍)	0.9	0.8
デット・エクイティ・レシオ(ネット)(倍)	0.7	0.7

　当期末時点での当社の期限別の支払債務は，以下のとおりであります。

期限別内訳

	社債及び借入金 (億円)	リース負債 (億円)
2023年度	6,854	761
2024年度	4,096	642
2025年度	2,755	537
2026年度	3,558	409
2027年度	3,134	344
2028年度以降	11,125	2,285
合計	31,521	4,978

(point) **設備の新設，除却等の計画**

　ここでは今後，会社がどの程度の設備投資を計画しているか知ることができる。毎期どれくらいの設備投資を行っているか確認すると，技術等での競争力維持に積極的な姿勢かどうか，どのセグメントを重要視しているか分かる。また景気が悪化したときは設備投資額を減らす傾向にある。

当社は，資金供与に関する契約（貸付契約，出資契約）及び設備使用契約等を締結しており，当期末における契約残高は，8,757億円です。

当期末時点では，資本的支出に対する重要な契約はありません。

上述の契約に加えて，当社のビジネスに関連して，当社は，顧客の債務に対する保証などの様々な偶発債務を負っています。また，当社は，訴訟による偶発債務の影響を受ける可能性があります。これらの偶発債務に関する詳細は，「(10)偶発債務」及び「(11)訴訟等」を参照願います。当社は，現状においては，それらの偶発債務がもたらす資金需要が重大なものとはならないと判断しておりますが，仮に予想に反して，当社が保証を行っている債務に重大な不履行が生じた場合，また，訴訟の結果が，当社に大きく不利なものであった場合には，新たに，大きな資金調達が必要となる可能性があります。

当社は，主に，ワーキング・キャピタル，新規や既存ビジネスへの投資や債務の返済のために，将来にわたり継続的な資金調達を行う必要があります。当社は，成長戦略として買収，株式取得または貸付による投資を行っており，当期は，有形固定資産及び投資不動産の取得に1,146億円，また，その他の投資の取得に1,317億円の投資を行いました。当社は，現在，全てのセグメントにおいて，既存のコア・ビジネス及び周辺分野を中心に追加投資を検討しております。

しかしながら，これらの投資は，現在，予備調査段階のものや，今後の様々な条件により，その実施が左右されるものであり，結果的に実現されない可能性もあります。また当社は，手許の現金，現在の借入枠や営業活動によるキャッシュ・インで当面必要とされる資金需要を十分に満たせると考えておりますが，それは保証されている訳ではありません。当社の営業活動によるキャッシュ・インが想定より少なかった場合，当社は，追加借入の実施，他の資金調達手段の検討，または投資計画の修正を行う可能性があります。

(10)　偶発債務 ···

当社の取引に関連して，顧客の債務に対する保証履行のような偶発債務を負うことがあります。当社は，世界各国のサプライヤーや顧客と多種多様な営業活動を行うことにより，営業債権及び保証等に係る信用リスクを分散させており，こ

---

point **株式の総数等**

発行可能株式総数とは，会社が発行することができる株式の総数のことを指す。役員会では，株主総会の了承を得ないで，必要に応じてその株数まで，株を発行することができる。敵対的TOBでは，経営陣が，自社をサポートしてくれる側に，新株を第三者割り当てで発行して，買収を防止することがある。

れらに関し重大な追加損失は発生しないものと見込んでおります。

　当社の当期末における保証に対する偶発債務の残高（最長期限2048年）は1,572億円で，このうち持分法適用会社の債務に対する保証が759億円，第三者の債務に対する保証が813億円です。これらの保証は主に持分法適用会社，サプライヤー，及び顧客の信用を補完するために行っているものであります。

（11）　訴訟等 ··

　当社は，事業遂行上偶発的に発生する訴訟や訴訟に至らない請求等を受けておりますが，当社の経営上，重要な影響を及ぼすものはありません。

（12）　未適用の新たな基準書及び解釈指針 ·····································

　連結財務諸表の承認日までに公表されている主な基準書及び解釈指針の新設または改訂は次のとおりであり，2023年3月31日現在において当社はこれらを適用しておりません。適用による当社への影響は検討中であり，現時点で見積ることはできません。

基準書	基準名	強制適用時期 （以降開始年度）	当社適用年度	新設・改訂の概要
IAS第12号	法人所得税	2023年1月1日	2024年3月期	単一の取引から生じた資産及び負債に係る繰延税金の会計処理の明確化及び第2の柱の法人所得税に関する情報の開示を要求
IAS第1号	財務諸表の表示	2024年1月1日	2025年3月期	負債の流動負債又は非流動負債への分類に関する要求事項の明確化及び特約条項付の非流動負債に関する情報の開示を要求
IAS第7号	キャッシュ・フロー計算書	2024年1月1日	2025年3月期	サプライヤー・ファイナンス契約に関する情報の開示を要求
IFRS第7号	金融商品：開示			
IFRS第16号	リース	2024年1月1日	2025年3月期	セール・アンド・リースバック取引の取引後の会計処理の明確化
IFRS第10号	連結財務諸表	未定	未定	投資者とその関連会社又は共同支配企業との間の資産の売却又は拠出の会計処理の改訂
IAS第28号	関連会社及び共同支配企業に対する投資			

---

point 連結財務諸表等

　ここでは主に財務諸表の作成方法についての説明が書かれている。企業は大蔵省が定めた規則に従って財務諸表を作るよう義務付けられている。また金融商品法に従い，作成した財務諸表がどの監査法人によって監査を受けているかも明記されている。

（13）　市場リスクに関する定量的・定性的情報 ·····························

　当社のビジネスは，金利，外国為替レート，商品価格，株価の変動リスクを伴い，これらのリスクマネジメントを行うため，為替予約取引，通貨スワップ・オプション取引，金利スワップ・先物・オプション取引，商品先物・先渡・スワップ・オプション取引等のデリバティブを利用しております。また，後述のリスク管理体制の下，予め決められたポジション限度・損失限度枠内で，トレーディング目的のデリバティブ取引も限定的に実施しております。

金利変動リスク

　当社は，事業活動の中で様々な金利変動リスクに晒されております。コーポレート部門の財務・経理・リスクマネジメント担当役員が管掌する部署では，当社のビジネスに伴う金利変動リスクをモニタリングしております。特に，金利の変動は借入コストに影響を与えます。これは，当社の借入金には変動金利で借り入れているものがあり，また，都度借換えを行う短期借入金があるためです。

　しかしながら，金利変動が借入コストに与える影響は，金利変動の影響を受ける資産からの収益により相殺されます。また，当社は，金利変動リスクをミニマイズするために資産・負債の金利を調整・マッチングさせるよう，金利スワップ等のデリバティブ取引を利用しております。

為替変動リスク

　当社は，グローバルなビジネス活動を行っており，各拠点の外貨建による売買取引，ファイナンス及び投資によって，為替変動リスクに晒されている場合があります。これらのうち，永続性の高い投資等を除いた取引については，為替変動リスクを軽減するために，各拠点において外貨借入・外貨預金等に加えて，第三者との間で，為替予約取引・通貨スワップ取引・通貨オプション取引等のデリバティブ取引を必要に応じ行っております。

商品市況変動リスク

　当社は，貴金属，非鉄金属，燃料，及び農産物等の現物取引，並びに鉱物，石油，及びガス開発プロジェクトへの投資を行っており，関連する商品価格の変動リスクに晒されております。当社は，商品の売り繋ぎや売り買い数量・時期等のマッチング，デリバティブ等の活用によって，商品価格の変動によるリスクを

減少させるよう努めております。また，予め決められたポジション限度・損失限度枠内で，トレーディング目的のデリバティブ取引も限定的に実施しております。

株価変動リスク

　当社は，戦略的な目的で金融機関や顧客・サプライヤーが発行する株式等への投資を行っておりますが，これらの株式投資には株価変動リスクが伴います。これらの株式投資に関しては，継続的なヘッジ手段を講じておりません。当社が保有する市場性のある株式の当期末における公正価値は，2,256億円であります。

リスク管理体制

　デリバティブや市場リスクを伴う取引を行う営業部は，取引規模に応じてマネジメントの承認を事前に取得しなければなりません。マネジメントは，場合によってはデリバティブについて専門的知識を有するスタッフのサポートを得て，案件の要否を判断し，当該申請における，取引の目的，利用市場，取引相手先，与信限度，取引限度，損失限度を明確にします。

　財務・経理・リスクマネジメント担当役員が管掌する部署は，取引の実施・モニタリングに際して，以下の機能を提供しております。

- ・金融商品及び市況商品のデリバティブに関する口座開設，取引確認，代金決済と引渡し，帳簿記録の保管等のバックオフィス業務
- ・ポジション残高の照合
- ・ポジションのモニタリングと全社ベースでの関連取引のリスク分析・計測，シニアマネジメントへの定期的な報告

当社の子会社が市況商品取引を行う際には，上記のリスク管理体制に沿うことを要求しております。

(point) 連結財務諸表

　ここでは貸借対照表(またはバランスシート，BS)，損益計算書(PL)，キャッシュフロー計算書の詳細を調べることができる。あまり会計に詳しくない場合は，最低限，損益計算書の売上と営業利益を見ておけばよい。可能ならば，その数字が過去5年，10年の間にどのように変化しているか調べると会社への理解が深まるだろう。

設備の状況

1 設備投資等の概要

当期，生活・不動産事業部門において，国内の商業施設を売却しております。

2 主要な設備の状況

（1） 提出会社の設備の状況 ··

（2023年3月31日現在）

事業所名	所在地	設備の内容	事業セグメント	従業員数（人）	土地（注）3 面積（平方米）	土地（注）3 帳簿価額（百万円）	建物・構築物（注）3 帳簿価額（百万円）	その他 帳簿価額（百万円）	備考
本社	東京都千代田区	オフィスビル	全社	2,979	–	–	24,391	–	賃借面積：49,381㎡
WORK VILLA KYOBASHI（注）4	東京都中央区	オフィスビル	生活・不動産	–	1,101	12,097	2,150	–	賃貸用
住友商事京橋ビル	東京都中央区	オフィスビル	生活・不動産	–	1,264	8,029	2,607	–	賃貸用、一部自社使用
八重洲宝町ビル	東京都中央区	オフィスビル	生活・不動産	–	1,324	8,912	655	–	賃貸用
住友商事神田和泉町ビル	東京都千代田区	オフィスビル	生活・不動産	–	2,798	11,487	1,555	–	賃貸用
住友商事美土代ビル	東京都千代田区	オフィスビル	生活・不動産	–	1,778	9,997	1,592	–	賃貸用
住友商事錦町ビル	東京都千代田区	オフィスビル	生活・不動産	–	542	3,836	881	–	賃貸用
トライエッジ御茶ノ水	東京都千代田区	オフィスビル	生活・不動産	–	969	4,248	893	–	賃貸用
住友商事神保町ビル	東京都千代田区	オフィスビル	生活・不動産	–	1,061	5,259	1,163	–	賃貸用
テラススクエア	東京都千代田区	オフィスビル	生活・不動産	–	7,978	11,647	5,912	–	賃貸用
住友商事竹橋ビル	東京都千代田区	オフィスビル	生活・不動産	104	(3,717)	11,984	1,654	–	自社使用、一部賃貸用（注）1, 2
神田スクエア	東京都千代田区	オフィスビル	生活・不動産	–	7,321	49,736	3,759	–	賃貸用、一部自社使用
住友ビルディング	大阪市中央区	オフィスビル	生活・不動産	94	1,452	130	410	–	自社使用、一部賃貸用
住友ビルディング第2号館・第3号館	大阪市中央区	オフィスビル	生活・不動産	1	6,395	6,357	1,343	–	賃貸用、一部自社使用
泉中央ショッピングセンター	仙台市泉区	商業施設	生活・不動産	–	18,889 (3,177)	4,475	6,519	–	賃貸用（注）1, 2
松戸ショッピング広場	千葉県松戸市	商業施設	生活・不動産	–	6,948	5,025	1,853	–	賃貸用
神田スクエアゲート	東京都千代田区	オフィスビル	生活・不動産	–	482	2,916	2,372	–	賃貸用
SC神田錦町三丁目ビル	東京都千代田区	オフィスビル	生活・不動産	1	3,121	37,500	26	–	賃貸用、一部自社使用
関東地区寮・社宅	千葉県浦安市他	福利厚生施設	全社	–	19,138	4,947	3,212	–	

（注）1 （ ）は賃借分の土地の面積を示しております。

2 土地の帳簿価額は借地権を含めた金額で記載しております。

3 土地及び建物・構築物の帳簿価額は使用権資産を含めた金額で記載しております。

4 住友商事八重洲ビルは，2022年11月19日付で名称をWORK VILLA KYOBASHIに変更しております。

(2) 国内子会社の設備の状況 ···

（2023年3月31日現在）

会社名	事業所名	所在地	設備の内容	事業セグメント（注）1	従業員数（人）（注）4	土地（注）3 面積（平方米）	土地（注）3 帳簿価額（百万円）	建物・機械及び装置（注）3 帳簿価額（百万円）	その他（注）3 帳簿価額（百万円）	備考
キリウ	足利工場他	栃木県足利市他	自動車部品製造工場	輸送機・建機	4,216 (394)	763,883	5,343	18,764	5,349	
サミット	府中西原店他	東京都府中市他	スーパーマーケット	生活・不動産	3,265 (7,921)	44,000 (92,105)	15,023	187,702	4,620	一部賃借（注）2
トモズ	KDX春日ビル他	東京都文京区他	オフィスビル他	生活・不動産	1,703 (2,399)	–	–	18,945	722	

（注）1 事業セグメントには，子会社の所属する事業セグメントを記載しております。

2 （ ）は賃借分の土地の面積を示しております。

3 帳簿価額は使用権資産を含めた金額で記載しております。

4 従業員数は就業人員数であり，臨時従業員数は（ ）に外数で記載しております。

(3) 在外子会社の設備の状況 ···

（2023年3月31日現在）

会社名	事業所名	所在地	設備の内容	事業セグメント（注）1	従業員数（人）（注）4	土地（注）3 面積（平方米）	土地（注）3 帳簿価額（百万円）	建物・機械及び装置（注）3 帳簿価額（百万円）	その他（注）3 帳簿価額（百万円）	備考
Sunstate Equipment	Sunstate-Phoenix他	米国フェニックス他	建設機械他	輸送機・建機	2,140 (–)	–	–	145,865	14,931	
船舶子会社	—	—	船舶	輸送機・建機	–	–	–	–	33,902	リース用資産他
Fyffes International	Sol-Honduras他	ホンジュラステグシガルパ他	農園	生活・不動産	5,575 (7,313)	85,620,000 (74,270,000)	10,931	29,038	584	一部賃借（注）2
米州住友商事グループ	Minneapolis Office Building他	米国ミネアポリス他	オフィスビル	生活・不動産	–	30,513	4,798	56,569	257	賃貸用
SMS Construction and Mining Systems	Acheson Facility他	カナダアチェソン他	オフィス、倉庫、店舗	輸送機・建機	2,843 (7)	218,530	1,908	16,647	1,925	

（注）1 事業セグメントには，子会社または当該事業が所属する事業セグメントを記載しております。

2 （ ）は賃借分の土地の面積を示しております。

3 帳簿価額は使用権資産を含めた金額で記載しております。

4 従業員数は就業人員数であり，臨時従業員数は（ ）に外数で記載しております。

3 設備の新設，除却等の計画

生活・不動産事業部門において，当期末日時点で国内オフィスビルの売買契約を締結しており，当報告書提出日現在で取得済であります。

提出会社の状況

1 株式等の状況

（1） 株式の総数等 ....

① 株式の総数

種類	発行可能株式総数(株)
普通株式	2,000,000,000
計	2,000,000,000

② 発行済株式

種類	当期末現在発行数(株)(2023年3月31日)	提出日現在発行数(株)(2023年6月23日)	上場金融商品取引所名又は登録認可金融商品取引業協会名	内容
普通株式	1,251,571,867	1,230,303,667	東京証券取引所プライム市場	完全議決権株式(権利内容に何ら限定がなく、当社において標準となる株式)単元株式数100株
計	1,251,571,867	1,230,303,667	－	－

（注）1 2023年2月6日開催の取締役会決議により，2023年6月2日付で自己株式を消却し，発行済株式総数が21,268,200株減少しております。

2 米国において，米国預託証券（ADR）を発行しております。

■ 経理の状況

1. 連結財務諸表及び財務諸表の作成方法について ································

(1)　当社の連結財務諸表は，「連結財務諸表の用語，様式及び作成方法に関する規則」（昭和51年大蔵省令第28号。以下，連結財務諸表規則）第1条の2に掲げる「指定国際会計基準特定会社」の要件を満たすことから，同第93条の規定により，国際会計基準（以下，IFRS）に準拠して作成しております。

　　本報告書の連結財務諸表等の金額の表示は，百万円未満を四捨五入して記載しております。

（注）　本報告書においては，連結会計年度（2022年4月1日から2023年3月31日まで）における当連結会計年度を「当期」，前連結会計年度を「前期」と記載しております。

(2)　当社の財務諸表は，「財務諸表等の用語，様式及び作成方法に関する規則」（昭和38年大蔵省令第59号。以下，財務諸表等規則）に基づいて作成しております。

　　また，当社は，特例財務諸表提出会社に該当し，財務諸表等規則第127条の規定により財務諸表を作成しております。

　　本報告書の財務諸表等の金額の表示は，百万円未満を切捨てて記載しております。

（注）　本報告書においては，第154期事業年度（2021年4月1日から2022年3月31日まで）における当事業年度を「当期」，前事業年度を「前期」と記載しております。

2. 監査証明について ··

　当社は，金融商品取引法第193条の2第1項の規定に基づき，連結会計年度（2022年4月1日から2023年3月31日まで）の連結財務諸表並びに第155期事業年度（2022年4月1日から2023年3月31日まで）の財務諸表について，有限責任あずさ監査法人による監査を受けております。

3. 連結財務諸表等の適正性を確保するための特段の取組み及びIFRSに基づいて連結財務諸表等を適正に作成することができる体制の整備について ·········

　当社は，連結財務諸表等の適正性を確保するための特段の取組み及びIFRSに

基づいて連結財務諸表等を適正に作成することができる体制の整備を行っております。その内容は以下のとおりであります。

(1) 会計基準等の内容を適切に把握し，会計基準等の変更等に適時かつ的確に対応することができる体制を整備するため，公益財団法人財務会計基準機構へ加入し，研修等へ参加しております。

(2) IFRSの適用については，国際会計基準審議会が公表するプレスリリースや基準書を随時入手し，最新の基準の把握を行っております。また，IFRSに基づく適正な連結財務諸表等を作成するために，IFRSに準拠したグループ会計方針及び会計指針を作成し，それらに基づいて会計処理を行っております。

（1）　連結財務諸表　・・

①　連結財政状態計算書

区分	注記番号	前期 （2022年3月31日） 金額（百万円）	当期 （2023年3月31日） 金額（百万円）
（資産の部）			
流動資産			
現金及び現金同等物	9	733,824	656,859
定期預金		13,847	10,783
有価証券	6, 9, 27	2,308	1,741
営業債権及びその他の債権	7, 9 11, 27	1,621,862	1,678,995
契約資産	27, 28	300,539	426,369
その他の金融資産	27	250,892	123,827
棚卸資産	9, 10	1,058,003	1,390,559
前渡金		116,795	135,177
売却目的保有資産	9	33,815	6,574
その他の流動資産	16	513,598	442,073
流動資産合計		4,645,483	4,872,957
非流動資産			
持分法で会計処理されている投資	9, 11	2,356,984	2,642,504
その他の投資	6, 9, 27	416,667	388,767
営業債権及びその他の債権	7, 9 11, 27	215,941	207,201
その他の金融資産	27	204,415	190,736
有形固定資産	8, 9, 12	1,023,733	1,046,316
無形資産	8, 9, 13	254,966	284,790
投資不動産	8, 9, 14	339,336	346,355
生物資産	15	40,241	36,891
繰延税金資産	16	26,660	30,790
その他の非流動資産		57,740	58,945
非流動資産合計		4,936,683	5,233,295
資産合計	4	9,582,166	10,106,252

区分	注記番号	前期 (2022年3月31日) 金額(百万円)	当期 (2023年3月31日) 金額(百万円)
(負債及び資本の部)			
流動負債			
社債及び借入金	17, 18, 27	608,031	685,356
営業債務及びその他の債務	11, 19, 27	1,612,480	1,648,976
リース負債	8, 11, 18	73,820	76,058
その他の金融負債	27	292,185	119,170
未払法人所得税		63,373	48,060
未払費用		119,979	137,190
契約負債	28	155,651	119,603
引当金	20	6,429	12,152
売却目的保有資産に関わる負債		16,917	5,487
その他の流動負債		127,925	113,103
流動負債合計		3,076,790	2,965,155
非流動負債			
社債及び借入金	17, 18, 27	2,413,343	2,466,733
営業債務及びその他の債務	11, 19, 27	50,651	57,575
リース負債	8, 11, 18	410,027	421,759
その他の金融負債	27	95,764	57,243
退職給付に係る負債	21	20,742	21,841
引当金	20	55,969	39,996
繰延税金負債	16	77,595	98,491
非流動負債合計		3,124,091	3,163,638
負債合計		6,200,881	6,128,793
資本			
資本金	22	219,894	220,047
資本剰余金	23	255,996	254,114
自己株式		△1,871	△39,563
その他の資本の構成要素	24	454,136	637,538
利益剰余金	23	2,269,661	2,707,382
親会社の所有者に帰属する持分合計		3,197,816	3,779,518
非支配持分		183,469	197,941
資本合計		3,381,285	3,977,459
負債及び資本合計		9,582,166	10,106,252

「連結財務諸表注記」参照

②　連結包括利益計算書

区分	注記番号	前期 （自2021年4月 1日 至2022年3月31日） 金額（百万円）	当期 （自2022年4月 1日 至2023年3月31日） 金額（百万円）
収益			
商品販売に係る収益		4,997,278	6,238,706
サービス及びその他の販売に係る収益		497,737	579,166
収益合計	4, 8, 14 27, 28, 31	5,495,015	6,817,872
原価			
商品販売に係る原価		△4,219,322	△5,278,970
サービス及びその他の販売に係る原価		△266,090	△304,150
原価合計	12, 13 14, 21 27, 31	△4,485,412	△5,583,120
売上総利益	4	1,009,603	1,234,752
その他の収益・費用			
販売費及び一般管理費	12, 13, 30	△713,941	△811,737
固定資産評価損益	12, 13, 14	△17,887	△6,861
固定資産売却損益		5,244	20,152
その他の損益	31	55,881	△3,241
その他の収益・費用合計		△670,703	△801,687
金融収益及び金融費用			
受取利息		28,989	48,340
支払利息		△30,194	△59,791
受取配当金		27,255	20,068
有価証券損益	27	48,238	29,050
金融収益及び金融費用合計	31	74,288	37,667
持分法による投資損益	4, 11	176,831	252,186
税引前利益		590,019	722,918
法人所得税費用	32	△105,452	△123,830
当期利益		484,567	599,088
当期利益の帰属：			
親会社の所有者	4	463,694	565,178
非支配持分		20,873	33,910

区分	注記番号	前期 （自2021年4月 1日 至2022年3月31日） 金額（百万円）	当期 （自2022年4月 1日 至2023年3月31日） 金額（百万円）
その他の包括利益			
純損益に振替えられることのない項目			
FVTOCIの金融資産		14,188	4,735
確定給付制度の再測定		10,577	8,885
持分法適用会社におけるその他の包括利益に対する持分		△1,646	769
純損益に振替えられることのない項目合計		23,119	14,389
その後に純損益に振替えられる可能性のある項目			
在外営業活動体の換算差額		246,071	123,559
キャッシュ・フロー・ヘッジ		19,354	26,175
ヘッジ・コスト		△2,209	△1,596
持分法適用会社におけるその他の包括利益に対する持分		20,363	48,835
その後に純損益に振替えられる可能性のある項目合計		283,579	196,973
税引後その他の包括利益	24	306,698	211,362
当期包括利益合計		791,265	810,450
当期包括利益合計額の帰属：			
親会社の所有者		765,330	774,262
非支配持分		25,935	36,188

1株当たり当期利益（円）：	33		
基本的		370.79	452.51
希薄化後		370.53	452.15

「連結財務諸表注記」参照

③ 連結持分変動計算書

前期（自　2021年4月1日　至　2022年3月31日）　　　　　（単位：百万円）

	親会社の所有者に帰属する持分						非支配持分	資本合計
	資本金－普通株式（注記22）	資本剰余金（注記23）	自己株式	その他の資本の構成要素（注記24）	利益剰余金（注記23）	合計		
2021年4月1日残高	219,781	251,781	△2,063	187,041	1,871,411	2,527,951	167,599	2,695,550
当期利益					463,694	463,694	20,873	484,567
その他の包括利益(注記24)				301,636		301,636	5,062	306,698
当期包括利益				301,636	463,694	765,330	25,935	791,265
所有者との取引額：								
株式報酬取引(注記26)	113	113				226		226
非支配持分の取得及び処分		3,967				3,967	643	4,610
自己株式の取得及び処分（注記26）			192			192		192
親会社の所有者への配当（注記25）					△99,985	△99,985		△99,985
非支配持分株主への配当							△10,708	△10,708
その他		135				135		135
利益剰余金への振替				△34,541	34,541	－		－
2022年3月31日残高	219,894	255,996	△1,871	454,136	2,269,661	3,197,816	183,469	3,381,285

当期（自　2022年4月1日　至　2023年3月31日）　　　　　（単位：百万円）

	親会社の所有者に帰属する持分						非支配持分	資本合計
	資本金－普通株式（注記22）	資本剰余金（注記23）	自己株式	その他の資本の構成要素（注記24）	利益剰余金（注記23）	合計		
2022年4月1日残高	219,894	255,996	△1,871	454,136	2,269,661	3,197,816	183,469	3,381,285
当期利益					565,178	565,178	33,910	599,088
その他の包括利益(注記24)				209,084		209,084	2,278	211,362
当期包括利益				209,084	565,178	774,262	36,188	810,450
所有者との取引額：								
株式報酬取引(注記26)	153	559				712		712
非支配持分の取得及び処分		△2,578				△2,578	1,839	△739
自己株式の取得及び処分（注記26）			△37,692			△37,692		△37,692
親会社の所有者への配当（注記25）					△153,139	△153,139		△153,139
非支配持分株主への配当							△23,555	△23,555
その他		137				137		137
利益剰余金への振替				△25,682	25,682	－		－
2023年3月31日残高	220,047	254,114	△39,563	637,538	2,707,382	3,779,518	197,941	3,977,459

「連結財務諸表注記」参照

④ 連結キャッシュ・フロー計算書

区分	注記番号	前期 （自2021年4月 1日 至2022年3月31日） 金額（百万円）	当期 （自2022年4月 1日 至2023年3月31日） 金額（百万円）
営業活動によるキャッシュ・フロー	34		
当期利益		484,567	599,088
営業活動によるキャッシュ・フローにするための調整			
減価償却費及び無形資産償却費		170,363	183,749
固定資産評価損益		17,887	6,861
金融収益及び金融費用		△74,288	△37,667
持分法による投資損益		△176,831	△252,186
固定資産売却損益		△5,244	△20,152
法人所得税費用		105,452	123,830
棚卸資産の増減		△148,056	△264,356
営業債権及びその他の債権の増減		△200,792	△9,911
前払費用の増減		△28,476	△10,599
営業債務及びその他の債務の増減		251,924	△39,662
その他－純額		△249,621	△118,258
利息の受取額		13,601	20,728
配当金の受取額		142,767	205,786
利息の支払額		△22,650	△46,483
法人税等の支払額		△86,537	△107,967
営業活動によるキャッシュ・フロー		194,066	232,801

区分	注記番号	前期 （自2021年4月 1日 至2022年3月31日） 金額(百万円)	当期 （自2022年4月 1日 至2023年3月31日） 金額(百万円)
投資活動によるキャッシュ・フロー	34		
有形固定資産の売却による収入		5,300	15,140
有形固定資産の取得による支出		△69,716	△70,295
投資不動産の売却による収入		22,327	32,119
投資不動産の取得による支出		△7,576	△44,333
子会社の売却による収入 （処分した現金及び現金同等物控除後）		63,737	31,530
子会社の取得による支出 （取得した現金及び現金同等物控除後）		△1,792	△13,565
その他の投資の売却による収入		102,280	85,241
その他の投資の取得による支出		△93,946	△131,653
貸付金の回収による収入		50,492	20,273
貸付による支出		△22,067	△15,982
投資活動によるキャッシュ・フロー		49,039	△91,525
財務活動によるキャッシュ・フロー	34		
短期借入債務の収支	18	55,708	72,247
長期借入債務による収入	18	354,709	381,151
長期借入債務による支出	18	△369,915	△415,156
リース負債による支出	8,18	△68,365	△71,509
配当金の支払額	25	△99,985	△153,139
非支配持分株主からの払込による収入		758	663
非支配持分株主からの子会社持分取得による支出		△2,178	△3,247
非支配持分株主への配当金の支払額		△10,708	△23,555
自己株式の取得及び処分による収支		52	△37,914
財務活動によるキャッシュ・フロー		△139,924	△250,459
現金及び現金同等物の増減額		103,181	△109,183
現金及び現金同等物の期首残高		599,013	733,824
現金及び現金同等物の為替変動による影響		40,668	26,959
売却目的保有資産に含まれる現金及び現金同等物の増減額		△9,038	5,259
現金及び現金同等物の期末残高		733,824	656,859

「連結財務諸表注記」参照

連結財務諸表注記

1 報告企業

住友商事株式会社（以下，親会社）は日本に所在する企業であります。親会社の連結財務諸表は2023年3月31日を期末日とし，親会社及び子会社（以下，当社），並びに当社の関連会社及び共同支配の取決めに対する持分により構成されております。当社は，長年培ってきた信用，国内外のグローバルネットワーク，あらゆる分野の取引先とのグローバルリレーション，知的資産といったビジネス基盤と，ビジネス創出力，ロジスティクス構築力，金融サービス提供力，IT活用力，リスク管理力，情報収集・分析力といった機能を統合することにより，顧客の多様なニーズに応え，多角的な事業活動をグローバル連結ベースで展開しております。

2 作成の基礎

（1） 連結財務諸表がIFRSに準拠している旨の記載

当社の連結財務諸表は，連結財務諸表規則第1条の2に掲げる「指定国際会計基準特定会社」の要件を満たすことから，同第93条の規定により，IFRSに準拠して作成しております。

（2） 測定の基礎

連結財務諸表は連結財政状態計算書における以下の重要な項目を除き，取得原価を基礎として作成されております。

- ・デリバティブについては公正価値で測定しております。
- ・公正価値で測定し，その変動を当期利益で認識する金融商品については，公正価値で測定しております。
- ・公正価値で測定し，その変動をその他の包括利益で認識する金融商品については，公正価値で測定しております。
- ・確定給付制度に係る資産または負債は，確定給付債務の現在価値から制度資産の公正価値を控除したものとして認識されております。
- ・棚卸資産のうち，短期的な価格変動により利益を獲得する目的で取得したものについては，売却費用控除後の公正価値で測定しております。

・生物資産は，売却費用控除後の公正価値で測定しております。

・売却目的保有に分類された非流動資産又は処分グループは，帳簿価額と売却費用控除後の公正価値のいずれか低い金額で測定しております。

（3） 機能通貨及び表示通貨 ···

本報告書の連結財務諸表は親会社の機能通貨である日本円で表示しております。日本円で表示しているすべての財務情報は，百万円未満を四捨五入して記載しております。

（4） 見積り及び判断の利用 ···

IFRSに準拠した連結財務諸表の作成において，マネジメントは，会計方針の適用並びに資産，負債，収益及び費用の報告額に影響を及ぼす判断，見積り及び仮定の設定を行うことが義務付けられております。実際の業績はこれらの見積りとは異なる場合があります。

見積り及びその基礎となる仮定は継続して見直されます。会計上の見積りの見直しによる影響は，その見積りを見直した会計期間と将来の会計期間において認識されます。

連結財務諸表上で認識する金額に重要な影響を与える会計方針の適用に際する判断に関する情報は，以下の注記に含まれております。

・リースを含む契約の会計処理－注記3　重要な会計方針　（9）　リース

・関連会社及び共同支配の取決めの範囲－注記11　持分法適用会社に対する
投資

翌連結会計年度において重要な修正をもたらすリスクのある，仮定及び見積りの不確実性に関する情報は，以下の注記に含まれております。

・金融資産の減損－注記27　金融商品及び関連する開示

・公正価値で測定する金融資産－注記27　金融商品及び関連する開示

・非流動資産の回収可能性－注記11　持分法適用会社に対する投資，
注記12　有形固定資産，注記13　無形資産，
注記14　投資不動産

・繰延税金資産の回収可能性－注記16　繰延税金
・引当金の測定－注記20　引当金，注記37　契約及び偶発債務
・確定給付債務の測定－注記21　従業員給付

(5)　会計方針の変更

　当社は，当期より強制適用となった基準書及び解釈指針を適用しております。適用による当社への重要な影響はありません。

　なお，IAS第12号「法人所得税」の改訂により，経済協力開発機構が公表した第2の柱モデルルールを導入するために制定又は実質的に制定された税法から生じる法人所得税に係る繰延税金資産及び負債は認識してはならない旨が明確化されました。本改訂に基づき，当社は当該繰延税金資産及び負債を認識しておりません。

3　重要な会計方針

　連結財務諸表の作成にあたり適用した重要な会計方針は次のとおりであります。

(1)　連結の基礎

①　企業結合

　当社はIFRS第3号「企業結合」（以下，IFRS第3号）及びIFRS第10号「連結財務諸表」をすべての企業結合に適用しております。

　当社は，注記5で開示している企業結合に対して取得法を適用しております。

　支配とは，投資先への関与により生じる変動リターンに対するエクスポージャーまたは権利を有し，かつ，その投資先に対するパワーを通じてそれらのリターンに影響を及ぼす能力を有している場合をいいます。取得日とは支配が取得企業に移転した日をいいます。取得日及び支配がある当事者から他の当事者に移転したか否かを決定するためには判断が必要な場合があります。

　当社はのれんを取得日時点で測定した被取得企業に対する非支配持分の認識額を含む譲渡対価の公正価値から，取得日時点における識別可能な取得資産及び引受負債の純認識額（通常，公正価値）を控除した額として測定しております。

譲渡対価には，当社から被取得企業の従前の所有者に対して移転した資産，発生した負債，及び当社が発行した持分の公正価値が含まれております。譲渡対価には，偶発対価の公正価値が含まれております。被取得企業の偶発負債は，それが現在の債務であり，過去の事象から発生したもので，かつその公正価値を信頼性をもって測定できる場合に限り，企業結合において認識されております。

　現在の所有持分であり，清算時に企業の純資産に対する比例的な持分を保有者に与えている非支配持分は，公正価値もしくは被取得企業の識別可能純資産の認識金額に対する非支配持分の比例的な取り分で当初測定しております。

　この測定方法の選択は，取引ごとに行っております。その他の非支配持分は，公正価値もしくは他のIFRSが適用される場合は，他のIFRSに基づき，測定しております。

　仲介手数料，弁護士費用，デューデリジェンス費用及びその他の専門家報酬，コンサルティング料等の，企業結合に関連して当社に発生する取引費用は，発生時に費用処理しております。

　非支配持分の追加取得については，資本取引として会計処理されているため，当該取引からのれんは認識されておりません。

　企業結合の当初の会計処理が，企業結合が発生した会計年度末までに完了していない場合には，完了していない項目を暫定的な金額で報告しております。取得日時点に存在していた事実と状況を取得日当初に把握していたとしたら，認識される金額の測定に影響を与えていたと判断される期間（以下，測定期間）に入手した場合，その情報を反映して，取得日に認識した暫定的な金額を遡及的に修正しております。この新たに得た情報が，資産と負債の新たな認識をもたらす場合には，追加の資産と負債を認識しております。

　測定期間は最長で1年間であります。

② **子会社**

　子会社とは，当社により支配されている企業をいいます。子会社の財務諸表は，支配開始日から支配終了日までの間，当社の連結財務諸表に含まれております。子会社の会計方針は，当社が適用する会計方針と整合させるため，必要に応じて修正しております。

当社の連結財務諸表には，報告期間の末日を親会社の報告期間の末日に統一することが実務上不可能であり，親会社の報告期間の末日と異なる日を報告期間の末日とする子会社の財務諸表が含まれております。当該子会社の所在する現地法制度上，親会社と異なる決算日が要請されていることにより，決算日を統一することが実務上不可能であり，また，現地における会計システムを取り巻く環境や事業の特性などから，親会社の報告期間の末日を子会社の報告期間の末日として仮決算を行うことが実務上不可能であります。当該子会社の報告期間の末日と親会社の報告期間の末日の差異は3ヶ月を超えることはありません。

連結財務諸表の作成に用いる子会社の財務諸表を当社と異なる報告期間の末日で作成する場合，その子会社の報告期間の末日と当社の報告期間の末日の間に生じた重要な取引または事象の影響については調整を行っております。

子会社持分を一部処分した際，支配が継続する場合には，資本取引として会計処理しております。非支配持分の調整額と対価の公正価値との差額は，親会社の所有者に帰属する持分として資本の部に直接認識されております。

③ 共通支配下の企業との企業結合

共通支配下における企業結合とは，企業結合当事企業もしくは事業のすべてが，企業結合の前後で同一の企業により最終的に支配され，かつ，その支配が一時的でない場合の企業結合であります。当社は，すべての共通支配下における企業結合取引について，継続的に帳簿価額に基づき会計処理しております。

④ 関連会社及び共同支配の取決め

関連会社とは，当社がその財務及び経営方針に対して重要な影響力を有しているものの，支配をしていない企業をいいます。当社が他の企業の議決権の20％以上50％以下を保有する場合，当社は当該他の企業に対して重要な影響力を有していると推定されます。

共同支配の取決めは，各投資者が有する契約上の権利及び義務に基づいて，共同支配事業または共同支配企業のいずれかに分類されます。

当社は，共同支配事業に対する持分に係る資産，負債，収益及び費用の会計処理を，特定の資産，負債，収益及び費用に適用される適切なIFRSに基づき行っております。

関連会社及び共同支配企業への投資は，持分法を用いて会計処理しており（以下，持分法適用会社），取得時に取得原価で認識しております。当社の投資には，取得時に認識したのれん（減損損失累計額控除後）が含まれております。

　連結財務諸表には，重要な影響または共同支配が開始した日から終了する日までの持分法適用会社の収益・費用及び持分の変動に対する当社持分が含まれております。持分法適用会社の会計方針は，当社が適用する会計方針と整合させるため，必要に応じて修正しております。

　また，連結財務諸表には，他の株主との関係等により，決算日を統一することが実務上不可能であるため，決算日の異なる持分法適用会社に対する投資もあります。当該持分法適用会社の報告期間の末日は主に12月末日であります。

　決算日の差異より生じる期間の重要な取引または事象の影響については調整を行っております。

⑤　連結上消去される取引

　連結グループ内の債権債務残高及び取引，並びに連結グループ内取引によって発生した未実現損益は，連結財務諸表の作成に際して消去しております。持分法適用会社との取引から発生した未実現利益は，被投資企業に対する当社持分を上限として投資から控除しております。未実現損失は，減損が生じている証拠がない場合に限り，未実現利益と同様の方法で控除しております。

(2)　外貨換算

① 外貨建取引

　外貨建取引は，取引日における為替レートで当社の各機能通貨に換算しております。期末日における外貨建貨幣性資産及び負債は，期末日の為替レートで機能通貨に再換算しております。貨幣性項目にかかる換算差額は，期首における機能通貨建の償却原価に当期中の実効金利及び支払金利を調整した金額と，期末日の為替レートで換算した外貨建償却原価との差額であります。公正価値で測定される外貨建非貨幣性資産及び負債は，当該公正価値の算定日における為替レートで機能通貨に再換算しております。

　再換算によって発生した換算差額は，当期利益又は損失で認識しております。

ただし，FVTOCIの金融資産の再換算により発生した差額，在外営業活動体に対する純投資のヘッジ手段として指定された金融商品（以下③参照），及びキャッシュ・フロー・ヘッジから生じる換算差額については，その他の包括利益に計上しております。外貨建取得原価により測定されている非貨幣性項目は，取引日の為替レートを使用して換算しております。

② **在外営業活動体**

在外営業活動体の資産・負債（取得により発生したのれん及び公正価値の調整を含む）については期末日の為替レート，収益及び費用については平均為替レートを用いて日本円に換算しております。

在外営業活動体の財務諸表の換算から生じる為替換算差額はその他の包括利益で認識しております。

当社のIFRS移行日以降，当該差額は「在外営業活動体の換算差額」として，その他の資本の構成要素に含めております。在外営業活動体の持分全体の処分，及び支配，重要な影響力または共同支配の喪失を伴う持分の一部処分につき，当該換算差額は，処分損益の一部として当期利益又は損失に振替えられます。

③ **在外営業活動体に対する純投資のヘッジ**

当社は，在外営業活動体に対する純投資を直接保有しているか中間的な親会社を通じて保有しているかにかかわらず，在外営業活動体の機能通貨と親会社の機能通貨（円）との間に発生する換算差額についてヘッジ会計を適用しております。

在外営業活動体に対する純投資のヘッジ手段として指定されている金融商品の再換算により発生した換算差額は，ヘッジが有効な範囲においてその他の包括利益で認識し，「在外営業活動体の換算差額」として，その他の資本の構成要素に含めております。ヘッジが有効でない部分については，当期利益又は損失で認識しております。純投資のうちヘッジされている部分が処分された場合には，当該換算差額は処分損益の一部として当期利益又は損失に振替えられます。

(3) 金融商品 ……………………………………………………………………

① **非デリバティブ金融資産**

当社は，営業債権及びその他の債権を，これらの発生日に当初認識しておりま

す。その他のすべての金融資産は，当社が当該金融商品の契約当事者となった取引日に当初認識しております。

　非デリバティブ金融資産の分類及び測定モデルの概要は以下のとおりであります。

償却原価で測定される金融資産

　金融資産は，以下の要件を満たす場合に償却原価で事後測定しております。

- ・当社のビジネスモデルにおいて，当該金融資産の契約上のキャッシュ・フローを回収することを目的として保有している場合
- ・契約条件が，特定された日に元本及び元本残高にかかる利息の支払いのみによるキャッシュ・フローを生じさせる場合

　償却原価で測定される金融資産は，公正価値（直接帰属する取引費用も含む）で当初認識しております。但し，重大な金融要素を含んでいない営業債権及びその他の債権については取引価格で当初認識しております。当初認識後，償却原価で測定される金融資産の帳簿価額については実効金利法を用いて算定し，必要な場合には減損損失を控除しております。

FVTOCIの負債性金融資産

　金融資産は，以下の要件を満たす場合にその他の包括利益を通じて公正価値で事後測定しております。

- ・当社のビジネスモデルにおいて，当該金融資産の契約上のキャッシュ・フローを回収と売却の両方を目的として保有している場合
- ・契約条件が，特定された日に元本及び元本残高にかかる利息の支払いのみによるキャッシュ・フローを生じさせる場合

　FVTOCIの負債性金融資産は，公正価値（直接帰属する取引費用も含む）で当初認識しております。

　当初認識後は公正価値で測定し，公正価値の変動は「FVTOCIの金融資産」として，その他の資本の構成要素に含めております。FVTOCIの負債性金融資産の認識を中止した場合，その他の資本の構成要素の残高を当期利益又は損失に振替えております。

FVTPLの金融資産

資本性金融商品を除く金融資産で上記の償却原価で測定する区分及びその他の包括利益を通じて公正価値で測定する区分の要件を満たさないものは，公正価値で測定し，その変動を当期利益又は損失で認識しております。当該資産には，売買目的で保有する金融資産が含まれております。

資本性金融商品は公正価値で測定しその変動を当期利益又は損失で認識しております。ただし，当社が当初認識時に公正価値の変動をその他の包括利益で認識するという選択（撤回不能）を行う場合はこの限りではありません。

FVTPLの金融資産は，当初認識時に公正価値で認識し，取引費用は発生時に当期利益又は損失で認識しております。

FVTOCIの資本性金融資産

当社は当初認識時に，資本性金融商品への投資における公正価値の変動をその他の包括利益で認識するという選択（撤回不能）を行う場合があります。当該選択は，売買目的以外で保有する資本性金融商品に対してのみ認められております。

FVTOCIの資本性金融資産は，公正価値（直接帰属する取引費用も含む）で当初認識しております。当初認識後は公正価値で測定し，公正価値の変動は「FVTOCIの金融資産」として，その他の資本の構成要素に含めております。

FVTOCIの資本性金融資産の認識を中止した場合，または，取得原価に比し公正価値の著しい下落が一時的ではない場合，その他の資本の構成要素の残高は直接利益剰余金に振替え，当期利益又は損失で認識しておりません。

ただし，FVTOCIの資本性金融資産からの配当金については，金融収益の一部として当期利益又は損失で認識しております。

金融資産の認識の中止

当社は，金融資産から生じるキャッシュ・フローに対する契約上の権利が失効した場合，または，当該金融資産の所有にかかるリスク及び便益を実質的にすべて移転する取引において，金融資産から生じるキャッシュ・フローを受け取る契約上の権利を移転する場合に，当該金融資産の認識を中止しております。移転した金融資産に関して当社が創出した，または当社が引き続き保有する持分については，別個の資産・負債として認識しております。

② 現金及び現金同等物

現金及び現金同等物とは，現金及び容易に一定の金額に現金化が可能な流動性の高い投資をいい，預入時点から満期日までが３ヶ月以内の短期定期預金を含んでおります。

③ 非デリバティブ金融負債

当社は，当社が発行した負債証券を，その発行日に当初認識しております。その他の金融負債はすべて，当社が当該金融商品の契約の当事者になる取引日に認識しております。

当社は，金融負債が消滅した場合，つまり，契約上の義務が免責，取消または失効となった場合に，金融負債の認識を中止しております。

当社は，非デリバティブ金融負債として，社債及び借入金，営業債務及びその他の債務を有しており，公正価値（直接帰属する取引費用を控除後）で当初認識しております。

売買目的で保有する非デリバティブ金融負債は，当初認識後公正価値で測定し，その変動については当期利益又は損失で認識しております。売買目的以外で保有する非デリバティブ金融負債については，当初認識後，実効金利法を用いた償却原価により測定しております。

なお，金融負債が条件変更または交換されたものの，大幅な条件変更を伴わないことから当該金融負債の認識の中止が生じない場合にも，条件変更または交換時に利得または損失を認識しております。

④ 資本

普通株式

当社が発行した資本性金融商品は，発行価額を資本金及び資本剰余金に計上し，直接発行費用（税効果考慮後）は資本剰余金から控除しております。

自己株式

自己株式を取得した場合は，直接取引費用を含む税効果考慮後の支払対価を，資本の控除項目として認識しております。自己株式を売却した場合，受取対価を資本の増加として認識しております。

---

⑤　デリバティブ及びヘッジ会計

　当社は，金利変動リスク，為替変動リスク，在庫及び成約の価格変動リスクをヘッジするためデリバティブを利用しております。これらに用いられるデリバティブは主に，為替予約，通貨スワップ，金利スワップ及び商品先物取引などであります。

　当初のヘッジ指定時点において，当社は，ヘッジ手段とヘッジ対象の関係，リスク管理目的，ヘッジ取引を実行する際の戦略，ヘッジ手段とヘッジ対象，ヘッジされるリスクの性質，及びヘッジ関係の有効性の評価方法，有効性及び非有効性の測定方法，及び非有効部分の発生原因の分析を文書化しております。

　当社は，ヘッジ関係の開始時及び継続期間中にわたって，ヘッジ手段の公正価値の変動又はキャッシュ・フローの変動が，ヘッジ対象の公正価値の変動又はキャッシュ・フローの変動と高い相殺関係があるかどうかを確認するために，ヘッジ対象とヘッジ手段の重要な条件が一致しているか又は，密接に合致しているかどうかの定性的な評価，あるいはヘッジ対象とヘッジ手段の価値が同一のリスクにより価格変動が相殺しあう関係にあることの定量的評価を通じて，ヘッジ対象とヘッジ手段の間の経済的関係の存在を確認しております。

　予定取引に対してキャッシュ・フロー・ヘッジを適用するためには，当該予定取引の発生可能性が非常に高い必要があります。

　デリバティブは公正価値で当初認識し，関連する取引費用は発生時に当期利益又は損失として認識しております。当初認識後は，デリバティブは公正価値で測定し，その変動は以下のように会計処理しております。

公正価値ヘッジ

　ヘッジ手段であるデリバティブの公正価値の変動は当期利益又は損失で認識しております。ヘッジ対象の帳簿価額は公正価値で測定し，ヘッジされたリスクに起因するヘッジ対象に係る利得または損失は，その変動を当期利益又は損失で認識しております。

キャッシュ・フロー・ヘッジ

　デリバティブを，認識済み資産・負債，当期利益又は損失に影響を与え得る発生可能性の非常に高い予定取引に関連する特定のリスクに起因するキャッシュ・

フローの変動をヘッジするためのヘッジ手段として指定した場合，デリバティブの公正価値の変動のうちヘッジ有効部分は，「キャッシュ・フロー・ヘッジ」として，その他の包括利益を通じてその他の資本の構成要素に含めております。また，通貨金利スワップの通貨ベーシス・スプレッド部分については，ヘッジ手段から除外し，公正価値の変動を「ヘッジ・コスト」としてその他の包括利益を通じてその他の資本の構成要素に含めております。その他の資本の構成要素に累積された残高は，ヘッジ対象のキャッシュ・フローが当期利益又は損失に影響を及ぼす期間と同一期間にわたり当期利益又は損失に振り替えられております。デリバティブの公正価値の変動のうちヘッジ非有効部分は，即時に当期利益又は損失で認識しております。

　ヘッジがヘッジ会計の要件を満たさない場合，ヘッジ手段が失効，売却，終了または行使された場合，あるいはヘッジ指定が取り消された場合には，ヘッジ会計の適用を将来に向けて中止しております。

　ヘッジ会計を中止した場合，当社は，既にその他の包括利益で認識したキャッシュ・フロー・ヘッジの残高を，予定取引が当期利益又は損失に影響を与えるまで引き続き計上しております。予定取引の発生が予想されなくなった場合は，キャッシュ・フロー・ヘッジの残高は，即時に当期利益又は損失で認識されます。

⑥　**トレーディング目的等のデリバティブ**

　当社には，ヘッジ目的で保有しているデリバティブのうちヘッジ会計の要件を満たしていないものがあります。また，当社は，デリバティブをヘッジ目的以外のトレーディング目的でも保有しております。これらのデリバティブの公正価値の変動はすべて即時に当期利益又は損失で認識しております。

⑦　**金融資産及び負債の表示**

　金融資産及び負債は，当社が残高を相殺する法的権利を有し，純額で決済するか，または資産の実現と負債の決済を同時に行う意図を有する場合にのみ，連結財政状態計算書上で相殺し，純額で表示しております。

(4)　棚卸資産 ···

　棚卸資産は主として，商品，原材料・仕掛品及び販売不動産から構成されてお

ります。

棚卸資産については，取得原価と正味実現可能価額のうちいずれか低い額で測定しております。正味実現可能価額は，通常の営業過程における予想販売価額から完成までに要する見積原価及び見積販売費用を控除した額であります。

なお，短期的な価格変動により利益を獲得する目的で取得した棚卸資産については，売却費用控除後の公正価値で測定し，公正価値の変動を当期利益又は損失で認識しております。

短期的な価格変動により利益を獲得する目的以外で取得した棚卸資産については，個々の棚卸資産に代替性がない場合，個別法に基づき算定し，個々の棚卸資産に代替性がある場合，主に移動平均法に基づいて算定しております。

(5) 売却目的で保有する非流動資産及び非継続事業

当社は，非流動資産又は処分グループの帳簿価額が継続的使用ではなく主に売却取引により回収される場合は，当該資産又は処分グループを売却目的保有に分類し，流動資産に振り替えております。これに該当するのは，資産又は処分グループが売却に関する通常又は慣例的な条件のみに従って直ちに売却することが可能であり，その売却の可能性が非常に高い場合です。経営者は当該資産又は処分グループの売却計画の実行を確約している必要があり，売却が完了したものと認識されるための要件を売却目的保有に分類した日から1年以内に満たす予定でなければなりません。

売却目的保有に分類された非流動資産又は処分グループは，帳簿価額と売却費用控除後の公正価値のいずれか低い金額で測定しております。

(6) 有形固定資産
① 認識及び測定

有形固定資産については，取得原価から減価償却累計額及び減損損失累計額を控除した額で測定しております。

取得原価には資産の取得に直接関連する費用，解体・除去及び土地の原状回復費用，及び資産計上すべき借入費用が含まれております。

有形固定資産の構成要素の耐用年数が構成要素ごとに異なる場合は，それぞれ別個の有形固定資産項目として計上しております。

② 減価償却

　減価償却費は償却可能価額をもとに算定しております。償却可能価額は，資産の取得価額または取得価額に準じる額から残存価額を差し引いて算出しております。

　減価償却については，有形固定資産の各構成要素の見積耐用年数にわたり，主に定額法に基づいております。定額法を採用している理由は，これが資産によって生み出される将来の経済的便益の消費の想定パターンに最も近似していると考えられるためであります。

　なお，鉱業権の減価償却については，見積埋蔵量に基づき，生産高比例法に基づいて費用計上しております。土地は償却しておりません。

　前期及び当期における見積耐用年数は以下のとおりであります。

・建物及び附属設備　　　3—50年
・機械設備　　　　　　　2—20年

　減価償却方法，耐用年数及び残存価額は，毎期末日に見直しを行い，必要に応じて改定しております。

(7)　無形資産 ···

① のれん

当初認識

　子会社の取得により生じたのれんは無形資産に計上しております。当初認識時におけるのれんの測定については，(1)①に記載しております。

当初認識後の測定

　のれんは取得価額から減損損失累計額を控除して測定しております。持分法適用会社については，のれんの帳簿価額を投資の帳簿価額に含めております。また，当該投資にかかる減損損失は，持分法適用会社の帳簿価額の一部を構成するいかなる資産（のれんを含む）にも配分しておりません。

② **ソフトウェアに係る支出の資産化**

当社は，販売目的もしくは内部利用目的のソフトウェアを購入または開発するための特定のコストを支出しております。

新しい科学的または技術的知識の獲得のために行われる研究活動に対する支出は，発生時に費用計上しております。開発活動による支出については，信頼性をもって測定可能であり，製品または工程が技術的及び商業的に実現可能であり，将来経済的便益を得られる可能性が高く，当社が開発を完成させ，当該資産を使用または販売する意図及びそのための十分な資源を有している場合にのみ自己創設無形資産として資産計上しております。

資産計上したソフトウェアに係る支出は，取得価額から償却累計額及び減損損失累計額を差し引いて測定しております。

③ **企業結合により取得した無形資産**

企業結合により取得し，のれんとは区分して認識した販売権，商標権，顧客との関係等の無形資産は取得日の公正価値で計上しております。

その後は，取得価額から償却累計額及び減損損失累計額を差し引いて測定しております。

④ **その他の無形資産**

当社が取得したその他の無形資産で有限の耐用年数が付されたものについては，取得価額から償却累計額及び減損損失累計額を控除して測定しております。

商標権の一部については，事業を継続する限り基本的に存続するため，耐用年数を確定できないと判断し，償却しておりません。

⑤ **償却**

償却費は，資産の取得価額から残存価額を差し引いた額をもとに算定しております。のれん以外の無形資産の償却は，当該資産が使用可能な状態になった日から見積耐用年数にわたり，定額法に基づいております。定額法を採用している理由は，これが無形資産によって生み出される将来の経済的便益の消費の想定パターンに最も近似していると考えられるためであります。前期及び当期における主な見積耐用年数は以下のとおりであります。

・ソフトウェア　　　　　　　　3—10年

 財務諸表

この項目では，連結ではなく単体の貸借対照表と，損益計算書の内訳を確認することができる。連結＝単体＋子会社なので，会社によっては単体の業績を調べて連結全体の業績予想のヒントにする場合があるが，あまりその必要性がある企業は多くない。

・販売権・商標権・顧客との関係　　3—30年
・その他　　　　　　　　　　　　　3—20年

　償却方法，耐用年数及び残存価額は，毎期末日に見直しを行い，必要に応じて改定しております。

(8)　投資不動産 ··

　投資不動産とは，賃料収入またはキャピタル・ゲイン，もしくはその両方を得ることを目的として保有する不動産であります。通常の営業過程で販売する不動産や，商品またはサービスの製造・販売，またはその他の管理目的で使用する不動産は含まれておりません。投資不動産は，取得原価から減価償却累計額（(6)②参照）及び減損損失累計額を控除した額で測定しております。

(9)　リース ··

　契約時に，当該契約がリース又はリースを含んだものであるのかどうかを判定しております。契約が特定された資産の使用を支配する権利を一定期間にわたり対価と交換に移転する場合には，当該契約はリースであるか又はリースを含んでいると判定しております。

　契約がリースであるか又はリースを含んでいる場合，開始日において使用権資産及びリース負債を連結財政状態計算書に計上しております。リース期間が12ヶ月以内に終了する短期リースに係るリース料は，リース期間にわたり定額法により費用として認識しております。

　使用権資産の測定は原価モデルを採用し，取得原価から減価償却累計額及び減損損失累計額を控除した額で測定しております。

　取得原価は，リース負債の当初測定額に当初直接コスト，前払リース料等を調整しております。使用権資産は，リース期間にわたり規則的に減価償却を行っております。

　リース負債は，支払われていないリース料の現在価値で測定しております。リース料は，リース負債残高に対して毎期一定の率の金利を生じさせるよう，金融費用とリース負債残高の返済部分とに配分しております。金融費用は，連結包括利

益計算書上，減価償却費と区分して表示しております。

（10）　減損 ··

①　非デリバティブ金融資産

　当社は，償却原価で測定する金融資産，リース債権，契約資産及びその他の包括利益を通じて公正価値で測定する負債性金融資産に係る減損については，当該金融資産に係る予想信用損失に対して損失評価引当金を認識しております。

　期末日時点で金融商品に係る信用リスクが当初認識以降に著しく増大していない場合，期末日後12ヶ月以内の生じうる債務不履行から生じる予想信用損失に基づき測定しております。

　一方，期末日時点で信用リスクが当初認識以降に著しく増大している場合には，当該金融商品の予想存続期間にわたって生じうる全ての債務不履行から生じる予想信用損失をもとに測定しております。

　ただし，重大な金利要素を含んでいない営業債権等については，いずれの場合においても常に全期間の予想信用損失に基づき測定しております。

　当社は，信用リスクの変動及び予想信用損失の算定にあたっては，主に当社独自の信用格付けであるSumisho Credit Rating（SCR）を用いております。これには，債務者の過去の貸倒実績，現在の財務状態及び合理的に利用可能な将来予測情報等が含まれております。

　信用減損の証拠については，債務者の重大な財政的困難や期日経過を含む契約違反等の事象を用いて判断しております。

　また，報告日時点で信用減損の証拠がある金融資産については，担保や保証等を含め債務者の個別の状況を総合的に評価した上で個別に予想信用損失を測定しております。なお，金融資産の全部又は一部が回収できないと合理的に判断される場合は，当該金融資産の帳簿価格を直接減額しております。

②　非金融資産

　棚卸資産，生物資産及び繰延税金資産を除く当社の非金融資産の帳簿価額は，期末日ごとに減損の兆候の有無を判断しております。減損の兆候が存在する場合は，当該資産の回収可能価額を見積っております。のれん及び耐用年数を確定で

きない，または未だ使用可能ではない無形資産については，回収可能価額を毎年同じ時期に見積っております。

　資産または資金生成単位の回収可能価額は，使用価値と売却費用控除後の公正価値のうち，いずれか高い金額としております。使用価値の算定において，見積将来キャッシュ・フローは，貨幣の時間的価値及び当該資産の固有のリスクを反映した税引前の割引率を用いて現在価値に割引いております。資金生成単位については，継続的に使用することにより他の資産または資産グループのキャッシュ・インフローから，概ね独立したキャッシュ・インフローを生み出す最小の資産グループとしております。

　のれんの資金生成単位については，のれんが内部報告目的で管理される単位に基づき決定し，集約前の事業セグメントの範囲内となっております。

　全社資産は独立したキャッシュ・インフローを生み出していないため，全社資産に減損の兆候がある場合，全社資産が帰属する資金生成単位の回収可能価額を算定して判断しております。

　減損損失については，資産または資金生成単位の帳簿価額が回収可能価額を超過する場合には当期利益又は損失で認識しております。資金生成単位に関連して認識した減損損失は，まずその単位に配分されたのれんの帳簿価額を減額するように配分し，次に資金生成単位内のその他の資産の帳簿価額を比例的に減額するように配分されております。

　のれんに関連する減損損失は戻し入れておりません。過去に認識したその他の資産の減損損失については，各期末日において，損失の減少または消滅を示す兆候の有無を判断しております。減損の戻し入れの兆候があり，回収可能価額の決定に使用した見積りが変化した場合は，減損損失を戻し入れております。減損損失については，減損損失を認識しなかった場合の帳簿価額から必要な減価償却費または償却費を控除した後の帳簿価額を超えない金額を上限として戻し入れております。

　持分法適用会社に対する投資の帳簿価額の一部を構成するのれんは別個に認識されておらず，個別に減損テストを実施しておりませんが，持分法適用会社に対する投資の総額を単一の資産として，持分法適用会社に対する投資が減損してい

るかもしれないという客観的な証拠が存在する場合に、減損テストの対象としております。

（11）　従業員給付 ……………………………………………………………

①　確定給付型年金制度

確定給付型年金制度は、確定拠出型年金制度（以下②参照）以外の退職後給付制度であります。確定給付型年金制度に関連する当社の純債務は、制度ごとに区別して、従業員が過年度及び当年度において提供したサービスの対価として獲得した将来給付額を見積り、当該金額を現在価値に割引き、制度資産の公正価値を差し引くことによって算定しております。

割引率は、当社の債務と概ね同じ満期日を有するもので、期末日において信用格付AAの債券の利回りであります。この計算は、毎年、年金数理人によって予測単位積増方式を用いて行っております。

年金制度が改定された場合、従業員による過去の勤務に関連する給付金の増減部分は、即時に当期利益又は損失で認識しております。

当社は、確定給付負債（資産）の純額の再測定を、その他の包括利益で認識し、即時にその他の資本の構成要素から利益剰余金に振替えております。

②　確定拠出型年金制度

一部の子会社では、確定拠出型年金制度を採用しております。確定拠出型年金制度は、雇用主が一定額の掛金を他の独立した企業に拠出し、その拠出額以上の支払について法的または推定的債務を負わない退職後給付制度であります。確定拠出型年金制度の拠出は、従業員がサービスを提供した期間に費用として認識しております。また、一部の子会社では退職一時金制度または退職年金制度に加え複数事業主による年金制度に加入しており、期中の拠出額を年金費用として当期利益又は損失で認識し、未払拠出金を債務として認識しております。

なお上記のほか、親会社及び一部の子会社では、自ら希望した従業員が、当期の勤務に係る賞与の一部を掛金として拠出させることができる選択型確定拠出年金制度を設けております。

③ **短期従業員給付**

短期従業員給付については，割引計算は行わず，関連するサービスが提供された時点で費用として計上しております。

賞与については，当社が，従業員から過去に提供された労働の結果として支払うべき現在の法的または推定的債務を負っており，かつその金額を信頼性をもって見積ることができる場合に，それらの制度に基づいて支払われると見積られる額を負債として認識しております。

④ **株式報酬取引**

当社は，取締役及び執行役員に対して，一定の譲渡制限期間を設けた上で普通株式を交付する「譲渡制限付株式報酬」及び，予め定めた業績条件の達成度に応じて交付株式数を変動させる「業績連動型株式報酬」を採用しております。両株式報酬の公正価値は付与日時点で見積り，付与日から役務提供期間終了までの期間にわたり人件費として認識し，同額を資本の増加として認識しております。「譲渡制限付株式報酬」の公正価値は，当社株式の公正価値を参照して測定しております。「業績連動型株式報酬」の公正価値は，当社株式の公正価値等を基礎として，モンテカルロ・シミュレーションを用いて測定しております。

（12） 引当金

引当金は，過去の事象の結果として，当社が，現在の法的または推定的債務を負っており，当該債務を決済するために経済的資源の流出が生じる可能性が高く，その債務の金額が合理的に見積り可能である場合に認識しております。引当金は，見積将来キャッシュ・フローを貨幣の時間的価値及び当該負債に特有のリスクを反映した税引前の利率を用いて現在価値に割引いております。時の経過に伴う割引額の割戻しは金融費用として認識しております。

資産除去債務

当社が公表している環境方針及び当社がその適用を受ける法規制等に従い，当社は，主として石炭及び鉱石の採掘等に関する設備の撤去に係る費用等を認識しております。

(13)　収益 ··

　当社は，通常の商取引において提供される商品の販売，サービス及びその他の販売に係る収益（リース取引及び金融商品取引を除く）を以下の5ステップアプローチに基づき，認識しております。

　ステップ1：顧客との契約を識別する。

　ステップ2：契約における履行義務を識別する。

　ステップ3：取引価格を算定する。

　ステップ4：取引価格を契約における履行義務に配分する。

　ステップ5：履行義務の充足時に収益を認識する。

　収益の主要な区分におけるそれぞれの収益認識基準，本人代理人の判定に関する基準は以下のとおりであります。

① **商品販売に係る収益**

　商品販売による収益には，卸売，小売，製造・加工を通じた商品の販売，不動産の開発販売などが含まれております。当社は，これらの収益を個々の契約内容に応じ，引渡，出荷，または検収時点など，約束した商品を顧客に移転することによって履行義務を充足した時に認識しております。顧客による検収条件は，契約内容や顧客との取り決めにより定められるものであり，事前に取り決めた仕様を満たさない場合には，最終的な検収終了まで収益は繰延べられることとなります。当社は原則として，販売した商品に欠陥等がない限り返品を受け付けないこととしております。

　当社が技術提供，資材調達，建設工事を請負う電力発電所の建設事業や，顧客仕様のソフトウェアの開発請負事業などの長期請負工事契約については，一定の条件を満たす場合，収益と原価を一定期間にわたり履行義務が充足されることによって認識しております。履行義務が充足される進捗度は，工事契約等に必要な見積総原価に対する，現在までにかかった工事原価の割合に基づいて算定しております。当初の収益の見積り，完成までの進捗状況に変更が生じる可能性がある場合，見積りの見直しを行っております。

② **サービス及びその他の販売に係る収益**

　サービス及びその他の販売に係る収益には，ソフトウェアに関連するサービス，

賃貸用不動産，船舶などの貸付金，ファイナンス・リース及びオペレーティング・リースなどが含まれております。

　ソフトウェアに関連するサービスのうち，保守管理に係る収益は，保守管理契約期間にわたって認識する場合と，実際のサービスの提供に応じて認識する場合とがあります。

　船舶などの貸付金に係る収益は，実効金利法に基づき認識しております。

　ファイナンス・リースに係る収益は，リースの計算利子率に基づき認識しております。

　オペレーティング・リースに係る収益は，連結包括利益計算書にリース期間にわたり，定額法で認識しております。

③　収益の本人代理人の判定

　当社は，通常の商取引において，仲介業者または代理人としての機能を果たす場合があります。このような取引における収益を報告するにあたり，収益を顧客から受け取る対価の総額（グロス）で認識するか，または顧客から受け取る対価の総額から第三者に対する手数料その他の支払額を差し引いた純額（ネット）で認識するかを判断しております。ただし，グロスまたはネット，いずれの方法で認識した場合でも，売上総利益及び当期利益又は損失に影響はありません。

　収益の本人代理人の判定に際しては，その取引における履行義務の性質が，特定された財又はサービスを顧客に移転される前に支配し，自ら提供する履行義務（すなわち，「本人」）に該当するか，それらの財又はサービスが当該他の当事者によって提供されるように手配する履行義務（すなわち，「代理人」）に該当するかを基準としております。当社が「本人」に該当する取引である場合には，履行義務を充足する時点で，又は充足するにつれて収益をグロスで認識しております。当社が「代理人」に該当する取引である場合には，履行義務を充足する時点で，又は充足するにつれて，特定された財又はサービスが当該他の当事者によって提供されるように手配することと交換に権利を得ると見込んでいる報酬又は手数料の金額にて収益をネットで認識しております。

　ある取引において当社が本人に該当し，その結果，当該取引に係る収益をグロスで認識するための判断要素として，次の指標を考慮しております。

・当社が，特定された財又はサービスを提供する約束の履行に対する主たる責任を有している。

・特定された財又はサービスが顧客に移転される前，又は顧客への支配の移転の後に，当社が在庫リスクを有している。

・特定された財又はサービスの価格の設定において当社に裁量権がある。

（14）　金融収益及び金融費用

　金融収益は，受取利息，受取配当金，有価証券売却益，FVTPLの金融資産の公正価値の変動及び当期利益又は損失で認識されたヘッジ手段に係る利益等から構成されております。受取利息は，実効金利法を用いて発生時に認識しております。受取配当金は，当社の受領権が確定した日に認識しております。金融資産（除くFVTPLの金融資産）からの利息収益は，実効金利法により計上しております。

　金融費用は，支払利息，有価証券売却損，FVTPLの金融資産の公正価値の変動，金融資産の減損損失及び当期利益又は損失で認識されたヘッジ手段に係る損失等から構成されております。適格資産の取得，建設または製造に直接起因しない借入費用は，実効金利法により当期利益又は損失で認識しております。

（15）　借入費用

　当社は，意図した使用または販売が可能となるまでに相当の期間を必要とする資産，つまり適格資産の取得，建設または製造に直接起因する借入費用は，その資産が実質的に意図した使用または販売を可能にする時まで，それらの資産の取得原価に加算しております。

　上記以外のすべての借入費用は，それが発生した会計期間に当期利益又は損失で認識しております。

（16）　法人所得税費用

　法人所得税費用は，当期税金と繰延税金から構成されております。これらは，企業結合に関連するもの，及び直接資本の部またはその他の包括利益で認識される項目を除き，当期利益又は損失で認識しております。

当期税金は，期末日時点において施行または実質的に施行される税率を乗じて算定する当期の課税所得または損失に係る納税見込額あるいは還付見込額の見積りに，前年までの納税見込額あるいは還付見込額の調整額を加えたものであります。

　繰延税金資産及び負債は，資産及び負債の会計上の帳簿価額と税務上の金額との一時差異に対して認識しております。企業結合以外の取引で，かつ会計上または税務上のいずれの損益にも影響を及ぼさない取引における資産または負債の当初認識に係る差異については，繰延税金資産及び負債を認識しておりません。さらに，のれんの当初認識において生じる将来加算一時差異についても，繰延税金負債を認識しておりません。

　子会社，関連会社及び共同支配の取決めに対する投資に係る将来加算一時差異について繰延税金負債を認識しております。ただし，一時差異の解消時期をコントロールでき，かつ予見可能な期間内での一時差異の解消が期待できない可能性が高い場合には認識しておりません。子会社，関連会社及び共同支配の取決めに係る将来減算一時差異から発生する繰延税金資産は，一時差異からの便益を利用するのに十分な課税所得があり，予測可能な将来に解消されることが予期される可能性が高い範囲でのみ認識しております。

　繰延税金資産及び負債は，資産及び負債の会計上の帳簿価額と税務上の金額との一時差異に対して認識しております。企業結合以外の取引で，かつ会計上または税務上のいずれの損益にも影響を及ぼさない取引における資産または負債の当初認識に係る差異については，繰延税金資産及び負債を認識しておりません。さらに，のれんの当初認識において生じる将来加算一時差異についても，繰延税金負債を認識しておりません。

　子会社，関連会社及び共同支配の取決めに対する投資に係る将来加算一時差異について繰延税金負債を認識しております。ただし，一時差異の解消時期をコントロールでき，かつ予見可能な期間内での一時差異の解消が期待できない可能性が高い場合には認識しておりません。子会社，関連会社及び共同支配の取決めに係る将来減算一時差異から発生する繰延税金資産は，一時差異からの便益を利用するのに十分な課税所得があり，予測可能な将来に解消されることが予期される

可能性が高い範囲でのみ認識しております。

　繰延税金資産及び負債は，期末日に施行または実質的に施行される法律に基づいて一時差異が解消される時に適用されると予測される税率を用いて測定しております。なお，IAS第12号「法人所得税」における，経済協力開発機構が公表した第2の柱モデルルールを導入するために制定又は実質的に制定された税法から生じる法人所得税に係る繰延税金資産及び負債は認識してはならない旨の規定に基づき，当該繰延税金資産及び負債に関しては認識をしておりません。

　繰延税金資産及び負債は，当期税金資産及び負債を相殺する法律上強制力のある権利を有しており，かつ法人所得税が同一の税務当局によって同一の納税主体に課されている場合または異なる納税主体に課されているものの，これらの納税主体が当期税金資産及び負債を純額ベースで決済することを意図している場合，もしくはこれら税金資産及び負債が同時に実現する予定である場合に相殺しております。

　繰延税金資産は，未使用の税務上の欠損金，税額控除及び将来減算一時差異のうち，将来課税所得に対して利用できる可能性が高いものに限り認識しております。繰延税金資産は毎期末日に見直し，税務便益が実現する可能性が高くなくなった部分について減額しております。

（17）　1株当たり当期利益（損失）

　当社は，普通株式に係る基本的及び希薄化後1株当たり当期利益（損失）（以下，EPS）を開示しております。基本的EPSは，当期利益（損失）（親会社の所有者に帰属）から譲渡制限付株式に帰属する当期利益（損失）を差し引いた調整後の当期利益（損失）を，その期間の自己株式と譲渡制限付株式を調整した発行済普通株式の加重平均株式数で除して算定しております。希薄化後EPSは，すべての希薄化効果のある潜在的普通株式による影響について，当期利益（損失）（親会社の所有者に帰属）及び自己株式を調整した発行済株式の加重平均株式数を調整することにより算定しております。当社の潜在的普通株式はストック・オプション制度，譲渡制限付株式報酬制度，業績連動型株式報酬制度及び譲渡制限付業績連動型株式報酬制度に係るものであります。

（18） 事業セグメント ···

　事業セグメントとは，他の事業セグメントとの取引を含む，収益を稼得し費用を発生させる事業活動の構成単位であります。すべての事業セグメントの事業の成果は，個別にその財務情報が入手可能なものであり，かつ各セグメントへの経営資源の配分及び業績の評価を行うために，マネジメントが定期的にレビューしております。

（19） 未適用の新たな基準書及び解釈指針 ·······························

　連結財務諸表の承認日までに公表されている主な基準書及び解釈指針の新設または改訂は次のとおりであり，2023年3月31日現在において当社はこれらを適用しておりません。適用による当社への影響は検討中であり，現時点で見積ることはできません。

基準書	基準名	強制適用時期 (以降開始年度)	当社適用年度	新設・改訂の概要
IAS第12号	法人所得税	2023年1月1日	2024年3月期	単一の取引から生じた資産及び負債に係る繰延税金の会計処理の明確化及び第2の柱の法人所得税に関する情報の開示を要求
IAS第1号	財務諸表の表示	2024年1月1日	2025年3月期	負債の流動負債又は非流動負債への分類に関する要求事項の明確化及び特約条項付の非流動負債に関する情報の開示を要求
IAS第7号	キャッシュ・フロー計算書	2024年1月1日	2025年3月期	サプライヤー・ファイナンス契約に関する情報の開示を要求
IFRS第7号	金融商品：開示			
IFRS第16号	リース	2024年1月1日	2025年3月期	セール・アンド・リースバック取引の取引後の会計処理の明確化
IFRS第10号	連結財務諸表	未定	未定	投資者とその関連会社又は共同支配企業との間の資産の売却又は拠出の会計処理の改訂
IAS第28号	関連会社及び共同支配企業に対する投資			

（1） 財務諸表 ···

① 貸借対照表

（単位：百万円）

	前期 （2022年3月31日）		当期 （2023年3月31日）	
資産の部				
流動資産				
現金及び預金		178,152		176,542
受取手形	※(1)	4,716	※(4)	2,972
売掛金		528,478		472,496
契約資産		98,523		145,062
有価証券		62,366		400
商品		94,648		105,078
販売用不動産		167,840		230,199
前渡金		86,347		78,913
前払費用		8,339		8,608
短期貸付金		207,217		218,948
その他	※(1)	292,220	※(1)	197,543
貸倒引当金		△3,762		△3,800
流動資産合計		1,725,088		1,632,967
固定資産				
有形固定資産				
建物	※(1)	54,974	※(1)	52,271
構築物		810		768
機械及び装置		667		826
車両運搬具		88		163
工具，器具及び備品		2,505		1,991
土地	※(1)	190,580	※(1)	218,388
建設仮勘定		9,205		11,577
有形固定資産合計		258,832		285,987
無形固定資産				
ソフトウエア		10,462		11,996
その他		16,958		16,888
無形固定資産合計	※(1)	27,420	※(1)	28,885
投資その他の資産				
投資有価証券	※(1)	252,048	※(1)	222,357
関係会社株式	※(1)	1,744,970	※(1)	1,802,689
その他の関係会社有価証券		13,304		58,290
出資金		19,198		20,747
関係会社出資金		424,811		528,487
長期貸付金	※(1)	50,301	※(1)	59,119
固定化営業債権		29,011		23,050
長期前払費用		30,862		28,943
繰延税金資産		29,514		31,765
その他	※(1)	151,865	※(1)	124,821
貸倒引当金		△54,788		△47,112
投資その他の資産合計		2,691,099		2,853,160
固定資産合計		2,977,352		3,168,033
資産合計		4,702,441		4,801,000

	前期 （2022年3月31日）	当期 （2023年3月31日）
負債の部		
流動負債		
支払手形	2,355	2,828
買掛金	729,518	689,615
短期借入金	201,882	210,918
コマーシャル・ペーパー	64,000	65,000
1年内償還予定の社債	111,187	45,000
未払費用	17,999	21,659
未払法人税等	2,789	1,271
契約負債	93,183	※(1) 45,214
預り金	193,419	233,690
前受収益	1,028	1,175
その他	※(1) 96,963	42,507
流動負債合計	1,514,328	1,358,879
固定負債		
長期借入金	1,567,988	1,556,959
社債	327,240	415,086
その他	※(1) 87,218	50,715
固定負債合計	1,982,447	2,022,761
負債合計	3,496,775	3,381,641
純資産の部		
株主資本		
資本金	219,893	220,046
資本剰余金		
資本準備金	231,027	231,180
資本剰余金合計	231,027	231,180
利益剰余金		
利益準備金	17,696	17,696
その他利益剰余金		
別途積立金	65,042	65,042
繰越利益剰余金	576,528	836,880
その他利益剰余金合計	641,570	901,923
利益剰余金合計	659,267	919,619
自己株式	△1,870	△39,562
株主資本合計	1,108,317	1,331,284
評価・換算差額等		
その他有価証券評価差額金	108,779	98,878
繰延ヘッジ損益	△12,129	△11,346
評価・換算差額等合計	96,649	87,532
新株予約権	699	542
純資産合計	1,205,666	1,419,359
負債純資産合計	4,702,441	4,801,000

② 損益計算書

（単位：百万円）

	前期 （自2021年4月 1日 至2022年3月31日）	当期 （自2022年4月 1日 至2023年3月31日）
収益	518,495	590,170
原価	404,236	442,745
売上総利益	114,259	147,425
販売費及び一般管理費		
通信費	820	1,161
旅費及び交通費	2,182	6,408
広告宣伝費	2,634	2,692
交際費	398	782
事務用消耗品費	376	409
貸倒引当金繰入額	△345	110
役員報酬	1,275	1,491
執行役員報酬等	3,552	3,540
従業員給料	45,858	45,618
従業員賞与	25,009	32,436
退職給付費用	5,959	8,681
福利厚生費	10,476	10,808
業務委託費	61,218	64,346
賃借料	8,921	8,882
修繕費	2,187	2,290
減価償却費	6,336	6,419
租税公課	2,789	3,218
雑費	5,658	7,634
販売費及び一般管理費合計	185,308	206,935
営業損失（△）	△71,049	△59,510
営業外収益		
受取利息	5,258	5,672
受取配当金	246,070	415,444
投資有価証券売却益	71,882	56,865
関係会社貸倒引当金取崩益	8,171	1,249
その他の営業外収益	50,317	10,280
営業外収益合計	381,700	489,512
営業外費用		
支払利息	5,008	15,861
投資有価証券売却損	994	1,292
投資有価証券評価損	18,578	6,203
その他の営業外費用	10,603	14,925
営業外費用合計	35,185	38,283
経常利益	275,466	391,718
特別利益		
固定資産売却益	※(2) 5,284	※(2) 17,582
特別利益合計	5,284	17,582
特別損失		
固定資産処分損	※(3) 447	※(3) 145
特別損失合計	447	145
税引前当期純利益	280,302	409,156
法人税、住民税及び事業税	△2,700	△1,674
法人税等調整額	△4,900	△2,730
法人税等合計	△7,600	△4,404
当期純利益	287,902	413,561

③ 株主資本等変動計算書

前期（自　2021年4月1日　至　2022年3月31日）

（単位：百万円）

	株主資本								
		資本剰余金	利益剰余金				自己株式	株主資本合計
	資本金	資本準備金	利益準備金	その他利益剰余金		利益剰余金合計		
				別途積立金	繰越利益剰余金			
当期首残高	219,781	230,914	17,696	65,042	388,627	471,366	△2,062	919,999
当期変動額								
新株の発行	112	112						225
剰余金の配当					△99,985	△99,985		△99,985
当期純利益					287,902	287,902		287,902
自己株式の取得							△4	△4
自己株式の処分					△16	△16	196	180
株主資本以外の項目の当期変動額（純額）								－
当期変動額合計	112	112	－	－	187,900	187,900	192	188,318
当期末残高	219,893	231,027	17,696	65,042	576,528	659,267	△1,870	1,108,317

| | 評価・換算差額等 | | | 新株予約権 | 純資産合計 |
	その他有価証券評価差額金	繰延ヘッジ損益	評価・換算差額等合計		
当期首残高	117,776	14,748	132,524	827	1,053,351
当期変動額					
新株の発行					225
剰余金の配当					△99,985
当期純利益					287,902
自己株式の取得					△4
自己株式の処分					180
株主資本以外の項目の当期変動額（純額）	△8,997	△26,877	△35,874	△128	△36,002
当期変動額合計	△8,997	△26,877	△35,874	△128	152,315
当期末残高	108,779	△12,129	96,649	699	1,205,666

当期（自　2022年4月1日　至　2023年3月31日）

（単位：百万円）

	株主資本								
	資本金	資本剰余金	利益剰余金					自己株式	株主資本合計
		資本準備金	利益準備金	その他利益剰余金		利益剰余金合計			
				別途積立金	繰越利益剰余金				
当期首残高	219,893	231,027	17,696	65,042	576,528	659,267		△1,870	1,108,317
当期変動額									
新株の発行	153	153							306
剰余金の配当					△153,139	△153,139			△153,139
当期純利益					413,561	413,561			413,561
自己株式の取得								△37,949	△37,949
自己株式の処分					△69	△69		257	187
株主資本以外の項目の当期変動額（純額）									—
当期変動額合計	153	153	—	—	260,352	260,352		△37,691	222,966
当期末残高	220,046	231,180	17,696	65,042	836,880	919,619		△39,562	1,331,284

	評価・換算差額等			新株予約権	純資産合計
	その他有価証券評価差額金	繰延ヘッジ損益	評価・換算差額等合計		
当期首残高	108,779	△12,129	96,649	699	1,205,666
当期変動額					
新株の発行					306
剰余金の配当					△153,139
当期純利益					413,561
自己株式の取得					△37,949
自己株式の処分					187
株主資本以外の項目の当期変動額（純額）	△9,900	783	△9,117	△156	△9,273
当期変動額合計	△9,900	783	△9,117	△156	213,693
当期末残高	98,878	△11,346	87,532	542	1,419,359

【注記事項】

(重要な会計方針)

1 資産の評価基準及び評価方法 ···

(1) 有価証券の評価基準及び評価方法

売買目的有価証券：時価法（売却原価は移動平均法により算定）

満期保有目的債券：償却原価法

その他有価証券

市場価格のない株式等以外のもの：時価法

（評価差額は全部純資産直入法により処

理し，売却原価は移動平均法により算定）

市場価格のない株式等：移動平均法による原価法

子会社株式及び関連会社株式：移動平均法による原価法

(2) デリバティブの評価基準及び評価方法：時価法

(3) 棚卸資産の評価基準及び評価方法

通常の販売目的で保有する棚卸資産：移動平均法または個別法による原価法

（貸借対照表価額は収益性の低下に基づ

く簿価切下げの方法により算定）

トレーディング目的で保有する棚卸資産：時価法

2 固定資産の減価償却の方法 ···

(1) 有形固定資産

2007年3月31日以前に取得した有形固定資産：旧定額法

2007年4月1日以降に取得した有形固定資産：定額法

(2) 無形固定資産：定額法

なお，自社利用のソフトウエアについては，社内における利用可能期間（5年）
に基づく定額法

3　引当金の計上基準 ···

(1)　貸倒引当金：債権の貸倒による損失に備えるため，一般債権については取引先の財務情報等を基に分類した社内の債権格付に基づき損失見込額を計上し，貸倒懸念債権等特定の債権については個別に回収可能性を検討し回収不能見込額を計上しております。

(2)　退職給付引当金：従業員の退職給付に備えるため，当期末における退職給付債務及び年金資産の見込額に基づき計上することとしておりますが，当期末においては年金資産の見込額を上回る退職給付債務は発生していないと認められるため，退職給付引当金は計上しておりません。

　　退職給付見込額の期間帰属方法は，給付算定式基準を採用しております。

　　過去勤務費用は，その発生時の従業員の平均残存勤務期間以内の一定の年数（12年）による定額法により費用計上しております。

　　数理計算上の差異は，その発生時の従業員の平均残存勤務期間以内の一定の年数（12年）による定額法により翌期から費用計上しております。

4　収益及び費用の計上基準 ···

　収益の主な履行義務の内容，履行義務を充足する通常の時点は以下のとおりです。

　当社の主な履行義務には，卸売，加工等を通じた幅広い産業分野における商品の販売，不動産の開発販売などが含まれております。当社は，これらの収益を個々の契約内容に応じ，引渡，出荷，または検収時点など，約束した商品を顧客に移転することによって履行義務を充足した時に認識しております。

　当社は原則として，販売した商品に欠陥等がない限り返品を受け付けないこととしております。

　当社の主な履行義務が，技術提供，資材調達，建設工事を請負う電力発電所の建設事業などの長期請負工事契約等である場合は，一定の条件を満たす場合，収益と原価を一定期間にわたり履行義務が充足されることによって認識しております。履行義務が充足される進捗度は，工事契約等に必要な見積総原価に対する，現在までにかかった工事原価の割合に基づいて算定しております。

収益の本人代理人の判定に関する基準は以下のとおりです。

当社は，通常の商取引において，仲介業者または代理人としての機能を果たす場合があります。

収益の本人代理人の判定に際しては，その取引における履行義務の性質が，特定された財又はサービスを顧客に移転される前に支配し，自ら提供する履行義務（すなわち，「本人」）に該当するか，それらの財又はサービスが当該他の当事者によって提供されるように手配する履行義務（すなわち，「代理人」）に該当するかを基準としております。当社が「本人」に該当する取引である場合には，履行義務を充足する時点で，又は充足するにつれて収益を総額で認識しております。当社が「代理人」に該当する取引である場合には，履行義務を充足する時点で，又は充足するにつれて，特定された財又はサービスが当該他の当事者によって提供されるように手配することと交換に権利を得ると見込んでいる報酬又は手数料の金額にて収益を純額で認識しております。

5 繰延資産の処理方法

支出時に全額費用処理しております。

6 ヘッジ会計の処理方法

原則として繰延ヘッジ処理を採用しております。また，金利スワップのうち，その想定元本，利息の受払条件（利子率，利息の受払日等）及び契約期間がヘッジ対象とほぼ同一である場合には，特例処理を採用しております。

7 消費税等の会計処理

税抜方式

（重要な会計上の見積り）

会計上の見積りにより当期に係る財務諸表にその額を計上した項目であって，翌期に係る財務諸表に重要な影響を及ぼす可能性があるものは，次のとおりです。

	前期 （2022年3月31日） （百万円）	当期 （2023年3月31日） （百万円）
関係会社株式	1,744,970	1,802,689
関係会社出資金	424,811	528,487

　市場価格のない株式等については，取得原価をもって貸借対照表価額としております が，当該株式の発行会社の財政状態の悪化により実質価額が著しく低下したときは，相当の減額を行い，当期の損失として処理しております。実質価額については将来事業計画をもとに見積もる場合があります。当該見積りは，技術革新等を含む環境の変化や，パートナーの業績不振等によって影響を受ける可能性があり，計画した将来キャッシュ・フローの時期及び金額が見積りと異なった場合，翌期の財務諸表において減損損失が生じる可能性があります。

（会計方針の変更）

　「時価の算定に関する会計基準の適用指針」（企業会計基準適用指針第31号 2021年6月17日。以下，「時価算定会計基準適用指針」という。）を当期首から適用し，時価算定会計基準適用指針第27-2項に定める経過的な取扱いに従って，時価算定会計基準適用指針が定める新たな会計方針を将来にわたって適用しております。

　当該会計方針の変更による当期の財務諸表への影響は軽微であります。

（未適用の会計基準等）

1　時価の算定に関する会計基準の適用指針 ·······························

　・「法人税，住民税及び事業税等に関する会計基準」（企業会計基準第27号 2022年10月28日）

　・「包括利益の表示に関する会計基準」（企業会計基準第25号2022年10月28日）

　・「税効果会計に係る会計基準の適用指針」（企業会計基準第28号2022年10月28日）

（1）　概要 ···

　その他の包括利益に対して課税される場合の法人税等の計上区分及びグループ

法人税制が適用される場合の子会社株式等の売却に係る税効果の取扱いを定めるものであります。

（2）　**適用予定日** ⋯⋯⋯⋯⋯⋯⋯⋯⋯⋯⋯⋯⋯⋯⋯⋯⋯⋯⋯⋯⋯⋯⋯⋯

　　2023年3月期の期首より適用します。

（3）　**当該会計基準等の適用による影響** ⋯⋯⋯⋯⋯⋯⋯⋯⋯⋯⋯⋯⋯⋯⋯

　　影響額は，当財務諸表の作成時において評価中であります。

第2章

商社業界の"今"を知ろう

企業の募集情報は手に入れた。しかし，それだけでは
まだ不十分。企業単位ではなく，業界全体を俯瞰する
視点は，面接などでもよく問われる重要ポイントだ。
この章では直近1年間の運輸業界を象徴する重大
ニュースをまとめるとともに，今後の展望について言
及している。また，章末には運輸業界における有名企
業（一部抜粋）のリストも記載してあるので，今後の就
職活動の参考にしてほしい。

▶▶フィールドは全世界へ

商社 業界の動向

> 「商社」は，輸出入や国内での物資の販売を中心とする事業に関する業界である。幅広い商品やサービスを扱う「総合商社」と，特定の分野に強い「専門商社」がある。

❖ 総合商社の動向

　総合商社は，三菱商事，三井物産，伊藤忠商事，住友商事，丸紅の5大総合商社に，トヨタ自動車系の豊田通商，日商岩井とニチメンの統合会社の双日を加えて，大手7社といわれる。「ラーメンからロケットまで」というたとえがあるように，事業領域が多岐に渡る総合商社は，日本独自のビジネスモデルといえる。海外にも専門商社はあるが，日本の企業のように「何でも扱う」会社は見当たらない。総合商社の事業は，トレーディング（貿易業務）からスタートしたが，顧客である国内企業が自ら海外展開を始めて商機が減ったため，近年は事業投資にも積極的に取り組んでいる。

　2022年度は，三菱商事が2年連続の業界1位となった。純利益は1兆1806億円と，商社史上初の1兆円の大台を突破した。2位の三井物産も1兆1306億円とこちらも1兆円を突破。その他各社も軒並み最高益を記録した。

　好調の要因は急騰した資源高の影響が大きく，これに円安も加わった。資源ビジネスの少ない伊藤忠商事は前年比で減益となったが，利益水準は高い。

●投資事業の柱は「資源」から「非資源」へ

　社会情勢の変化にあわせてフレキシブルに業態を変えていく総合商社にとって，めまぐるしい世界の動きにあったビジネスを展開していけるかどうかが，成長の鍵を握っている。ここ数年の動向でもわかる通り，投資事業の主流であった資源ビジネスは市場変動に大きく左右されるため，リスクが大きい。そのため，各社は非資源分野への進出に，本格的に取り組み始め

ている。

　三菱商事は食品・食料分野で，2015年，サケ養殖・加工で世界3位のノ
ルウェー企業セルマックを買収。同事業は2017年7〜9月期に90億円の利
益を計上している。また，流通では，2017年にローソンを子会社化。これ
まで培ってきた商品調達網や物流ネットワークを活かして，コンビニ業界3
位からの上昇を狙う。三井物産は，機械やインフラ，化学品など非資源分
野に1兆円以上投じる方針を打ち出しており，2016年に自動車向けプレス
部品の世界最大手であるスペインのゲスタンプ・オートモシオンに470億円
を出資している。以前から非資源分野の比重が高かった伊藤忠商事も積極
的に動いており，2014年にドール・フード・カンパニーのアジアでの青果
物事業とグローバル展開する加工食品事業を買収している。流通系では，
ファミリーマートとユニーグループを2016年に経営統合させ，2018年8月
には子会社化した。同様に，住友商事は，非資源部門のメディア・生活関
連を重要な柱のひとつに位置づけて，2015年に子会社のJCOMがテレビ通
販大手・ショップチャンネルを買収した。また，食料事業のテコ入れのため，
2017年2月にはアイルランドの果物生産・販売大手ファイフスを約900億円
で買収し，国内商社の青果物事業では，伊藤忠商事のドールに次ぐ規模と
なった。90年代から世界22ヵ国で発電事業を手掛けている丸紅は，電力部
門が2018年3月期決算で純利益の25％に相当する525億円を稼いでいる。
脱石炭の流れも踏まえ，2017年にジャマイカで天然ガスを使った火力発電
所を新設・運営すると発表したり，UAEで太陽光発電事業に着手するなど，
得意分野で新規投資を加速させている。

●各社が続々と参入する，ヘルスケア部門

　非資源分野の強化を目指す総合商社が今，熱い視線を送っているのが「ヘ
ルスケア」部門である。日本国内では，2021年度の国民医療費は45兆359
億円で前年度比で4.8％増加した。団塊の世代が後期高齢者（75歳）に達す
る2025年までは，医療費は増加するといわれており（2025年問題），医療費，
介護保険給付の削減は，将来的に避けて通れない課題となっている。そし
てその先には，少子高齢化で国内の医療市場が縮小していくことを見越し
て，海外展開を視野に入れる企業も増えている。

　ヘルスケア産業の将来性には政府も注目しており，「日本再興戦略」では
「アベノミクス三本の矢」の中の1本，成長戦略の重要な柱として位置づけ
られている。市場規模は，国内が2020年に26兆円，2030年には37兆円へ

増加，海外は2020年に311兆円，2030年には525兆円と，急速な増加が見込まれている。

　このような背景のなか，三井物産は2011年からヘルスケア部門への投資を続けてきた。まず，アジア最大の病院グループIHHヘルスケアの株式を取得し，現在ではマレーシア，シンガポール，インド，中国などで49病院を運営している。2016年には，シンガポールの中間層向け病院の最大手コロンビアアジアグループを買収したほか，米国最大手の透析事業会社ダビータ・ヘルスケア・パートナーズのアジア部門との業務提携を発表している。アジア以外でも，ロシアでは2017年に医薬品メーカーのアールファームの株を10％取得，米国でもヘルスケア人材派遣サービスを手がけるアカウンタブルヘルスケアホールディングを買収するなど，活発な投資活動が続いている。国内では，医療モールや保険調剤薬局を運営する企業，総合メディカルに出資してきたほか，2016年11月にはパナソニックヘルスケアホールディングスの株式22％を，約540億円で取得した。今後も医療分野に力を入れていく方針だ。

　伊藤忠商事は2016年，日本企業としては初めてとなる，中国での病院経営に参入した。前年に6000億円を投じて資本提携した中国最大の国有複合企業，中国中信集団（CITIC）と合弁会社を設立し，中国国内の7つの病院で資機材の調達や患者向けのサービスなどを始めている。中国では経済成長に伴う所得増加で高度医療の需要は増しているが，治療拠点が不足しているため，日本医療のノウハウを提供して，新たな市場を開拓していく。また，三菱商事も2017年3月，ミャンマーに病院運営会社を設立し，アジアでの展開を始めている。

●海外で進む，鉄道事業への積極投資

　大手各社は，海外での鉄道関連事業にも力を注いでいる。この背景には，成長著しい新興国で都市交通の整備が進み，インフラ投資が増加しているという事情がある。

　三菱商事は2017年8月，川崎重工業とともにバングラデシュ国内初となる高速鉄道事業を約400億円で受注し，144両の車両生産と車両基地の整備を行う。2017年にはフィリピンのマニラで都市交通車両を，2018年には近畿車輛と共同でカタールのドーハメトロ向け車両105両を受注している。また，2018年に日立と共同で受注したパナマにおけるモノレールシステムでは，おもに商務を担当することになっている。

住友商事も，東南アジアの鉄道事業に積極的に参入しており，台湾では2011年～2014年にかけて136両の特急車両を受注，2015年にはインドネシアで地下鉄車両96両を受注している。2012年に受注したヴェトナム・ホーチミン市の都市交通は工事が遅れ，2023年末以降の開通予定となっている。そのほか，シンガポール～マレーシア間の高速鉄道，ミャンマー～ベトナムの鉄道事業など，2017年以降も積極的に入札に参加しており，フィリピンなどへの参入がすでに決定している。

　三井物産はこれまで，英国やブラジルなどで鉄道事業を手掛けてきている。2015年以降，印タタ・プロジェクトと共同で，インドのデリー～ムンバイを結ぶ貨物専用鉄道（DFC西線）の土木軌道工事を進めているほか，2017年8月にはJR東日本と共同で，英国ウェストミッドランズ旅客鉄道事業の運営権を取得した。また，2017年8月，JR東日本の子会社アトレと共同で新会社を設立し，台湾に商業施設を開発することを発表している。台湾でも高速鉄道事業に携わった経験を持っているが，駅や周辺地域での商業施設開発は初めての試みとなる。都内で34店の駅ビルを運営するアトレと共に，それぞれの強みを融合させた新しいビジネスで，収益の拡大を狙っている。

　伊藤忠商事は2014年，英国企業と共同で，豪クイーンズランド州から，鉄道車両や車両基地の建設を約4000億円で受注しており，2017年から車両の納入が始まっている。丸紅は，川崎重工業，日立製作所と共同で手掛けていた台湾の空港線を2017年3月に開業した。台北駅から年間約4000万人が利用する桃園国際空港を経由して郊外ベッドタウンまで運行する，台湾初となる空港アクセス線で，沿線住民や旅行者にとって重要な交通手段になるとともに，交通渋滞の緩和につながることが期待されている。また，双日も，2015年にカナダのキャドレイルウェイへ投資を行い，北米での鉄道車両のメンテナンス事業を展開しているほか，インドでは2013年以降，印ラーセン・アンド・トゥーブロと共同でデリー～ムンバイ間の貨物専用鉄道の軌道・電化・信号・通信工事など，総額3500億円超を受注している。

❖ 専門商社の動向

　鉄鋼，燃料，食品，医療など，特定の事業を扱う専門商社は，総合商社に比べて内需中心のビジネスが多い。国内市場が飽和するなかで，生き残りをかけた業界再編，海外への進出が加速している。総合商社が新型コロナウイルスの影響を大きく受けているのに対して，専門商社の業績は堅調を維持している。

　2015年4月，半導体商社のマクニカと富士エレクトロニクスが統合した。2社の統合によって発足したマクニカ・富士エレホールディングスの2022年の年間売上高は約1兆292億円と，1兆円を突破。半導体商社として日本最大手の位置揺るぎないものにしている。2018年9月には，業界6位の加賀電子による富士通エレクトロニクスの買収が発表され，その4日後には，業界3位のUKCホールディングスと9位のバイテックホールディングスが統合，新会社（レスターホールディングス）の発足が発表された。同社の2022年の売上高は4871億円と，業界3位の売上を誇る。これ以外にも，2017年4月には，豊田通商系列の半導体商社2社が統合し，新会社ネクスティエレクトロニクスが誕生している。

　食品系では，2012年に菱食，明治屋商事，サンエス，フードサービスネットワークの三菱系4社が経営統合し，三菱食品として新たなスタートを切った。2022年間の売上高は1兆9967億円と国内2位の食品商社である。近年は，価格交渉を軸とする単純な物販だけでなく，魅力的な企画提案による付加価値で，収益の拡大を目指している。その一例が，三菱食品が2017年秋から発売した，健康に特化した新ブランド「食べるをかえる からだシフト」。第一弾は「糖質コントロール」シリーズで，メーカー単独では不可能な幅広いカテゴリーの糖質オフ商品を統一ブランド化し，小売2万店に導入することで，受注を2倍に伸ばしている。

　食品商社1位の日本アクセスは，2017年7月，香港の大手外食企業国際天食，上海の外食向け食品調達会社JMUと業務提携を行った。これによって中国の外食市場でのサプライチェーンを構築・加速させる狙いがある。3位の国分グループも，アジアを中心に海外事業を積極的に展開しており，2016年12月には双日と組んでベトナムでの物流事業に参入している。また2017年3月には，中国の食品卸企業を買収した。この買収によって，中国での日本食ビジネスへ進出する狙いがある。さらに，10月にはマレーシア

でも食品卸企業に出資を行い，ASEAN各国への事業拡大を加速化させている。

●物流網としての食品商社

業界共通の課題は，人手不足による物流コストの高騰である。各社とも，物流拠点を集約して，大量の商品の保管から仕分けまでを行う「リージョナル・ディストリビューション・センター」の整備やITの活用などで，物流の効率化を進めている。

総合商社の伊藤忠商事がユニー・ファミリーマートホールディングスを子会社化した背景には，食品流通の川上から川下を掌握する上で，全国に拠点をもつ物流網としての日本アクセスの存在があった。日本アクセスはもともと雪印乳業の卸部門だったことから，低温物流に強みを持っており，その低温配送能力は物流大手ヤマト運輸以上といわれる。三菱商事が2017年にローソンを子会社化した背景にも，伊藤忠商事同様，傘下の三菱食品の機能をフル活用する狙いがあり，実際，2018年3月期のローソン向け売上高は大幅に増えている。三菱商事は，イオンやライフコーポレーションの筆頭株主でもあり，食品スーパーとも提携しているため，こういった小売業を三菱食品の物流網でカバーすることで効率的な配送が可能となり，扱う商材の販路も広がってくる。

より効率的にグループ内の物流網を活用する。食品商社は，卸業のみでなく，物流業者としての能力も問われている。

商社業界

直近の業界各社の関連ニュースを
ななめ読みしておこう。

半導体やEVに必須のフッ素、双日などが国内に供給網

化学メーカーや総合商社が幅広い産業で使われるフッ素の国内サプライチェーン（供給網）を築く。半導体や電気自動車（EV）の素材として欠かせず、双日はメキシコ産の原料を輸入し2026年度から化合物を生産する。フッ素化学は日本勢が強みを持つ分野で、中国への依存を和らげる。欧州の規制論議もにらみ、事業のあり方を探る。

双日は北九州港の近くに位置する響灘臨海工業団地（北九州市）で、26年度にフッ酸の工場を稼働させる。フッ酸は様々なフッ素化合物のもとになる重要な出発原料だ。メキシコの化学メーカー、オルビアのグループ会社メキシケムフローとの事業で、年4万〜5万トンを生産する。

双日によるとフッ酸の国内需要の3割ほどを満たす量だ。1万キロメートル以上離れたメキシコの鉱山で蛍石を採掘し、輸入する。

フッ素の供給網は脆弱だ。蛍石が生産されている場所としては中国が最大で、世界の約7割を占めている。日本はフッ酸の需要の7〜8割を輸入に頼っており、ほぼ中国産だ。

双日フッ素事業開発室の水上高志氏は「安定供給のニーズが高まっており、ほとんどの企業が関心を示している」と話す。

構想は10年以上前からあった。だが、コスト面などで折り合いがつかず事業化に至らなかった。

新型コロナウイルス禍に伴う供給網の混乱や、ロシアによるウクライナ侵攻を受けて原料の調達先を見直す企業が増えた。政府の供給網整備の後押しも受けて構想が現実になった。

「5年前なら全く状況は変わっていた」と話すのは、メキシケムフローのグレッグ・スミス社長だ。メキシケムフローは有毒なヒ素などを多く含むメキシコ産蛍石からフッ酸を製造する技術を保有している。

他の元素と結びつきやすいフッ素は、熱や光、薬品に強く付加価値の高い製品の原料になる。扱いが難しく、参入障壁が高い。フッ素樹脂の１キログラムあたりの流通価格はポリカーボネート樹脂などと比べ10倍以上になる。

半導体分野では、高純度フッ酸がガラスやシリコンを溶かす性質を利用し、シリコンウエハーの洗浄やエッチングに使われる。高純度フッ酸はフッ酸の純度を極限まで高める必要があり、フッ素化学専業の森田化学工業やステラケミファなど技術力を持つ日本勢の世界シェアが８〜９割を占めるとされる。

EVのリチウムイオン電池向けでは、クレハがフッ化ビニリデン（PVDF）樹脂で高いシェアを持つ。リチウムイオン電池の正極材の一つ「三元系」に使われるバインダー（接着剤）として、世界シェア４割を握る。

リチウムイオン電池の高い電圧下で安定した性能を維持するため、フッ素化合物が使われている。六フッ化リン酸リチウム（LiPF6）は電池の主要４材料の１つ、電解液に利用されている。

トヨタ自動車などの燃料電池車にフッ素系のイオン交換膜が使われている。水素イオンを効率よく透過させるためにフッ素が欠かせない。原子力発電のウラン燃料を利用する際にもフッ素の特異な化学的性質を活用している。

インドの調査会社ストレイトは、世界の蛍石消費量が年率８％で増えると見込む。AGCはフッ素製品の生産能力増強に向け、約350億円を投じる。クレハはPVDF樹脂の国内生産能力を26年３月までに2.3倍に拡大する計画だ。

（2023年８月30日　日本経済新聞）

５大商社株が上場来高値、株主還元を評価

29日の東京株式市場では、商社株の上昇が目立った。三菱商事や伊藤忠商事など５大商社株はそろって上場来高値を更新した。株主還元への評価などから買いが続いている。

住友商事は一時前日比５％高まで上昇した。丸紅と三井物産はそれぞれ４％高で取引を終えた。５大商社株はすべて日経平均採用銘柄の値上がり率上位10位以内に入った。

この日は野村証券の目標株価の変更が買いの手掛かりとなった。目標株価の算出に用いる適正PBR（株価純資産倍率）の水準を修正し、26日付で５大商社の目標株価をそろって引き上げた。担当する成田康浩リサーチアナリストは「資源高が一巡し外部環境は良好とはいえないものの、追加的な還元余地のある三

菱商などには投資魅力がある」と指摘する。

4月に米著名投資家ウォーレン・バフェット氏が5大商社株の保有比率を引き上げたことが明らかになると、国内外の投資家から商社株を再評価する動きが強まった。バフェット氏が買い増しを明らかにする前の4月10日と比べ、5社合計の時価総額は約5兆円増えた。日経平均全体の時価総額に占める割合は5.1%から5.6%に0.5ポイント上昇した。

23年3月期通期の決算発表を通過し、株主還元への期待も続いている。三菱商は減益見通しを示したものの、3000億円を上限とする自社株買いや増配を発表し株高に弾みをつけた。

商品市況の軟化で24年3月期の業績は伸び悩むことが予想されている。もっとも市場では「会社計画は当初懸念されたほど悪くなく、株価にはまだ割安感もある」(しんきんアセットマネジメント投信の藤原直樹シニアファンドマネージャー)との見方がある。

これまではバフェット氏に追随した買いや株主還元強化への期待が株価を押し上げてきた。「海外勢からの買いが途切れれば、事業環境の軟調さに着目する投資家の売りが広がり相場が崩れる可能性もある」(国内証券)との指摘もあった。 (2023年5月29日 日本経済新聞)

商社がアフリカ投資を拡大、住友商事はスマホ販売に出資

商社がアフリカ市場の投資を本格化している。住友商事はスマートフォンなどの分割販売を手掛けるケニアのM-KOPA(エムコパ)に3650万ドル(約50億円)を追加出資した。三井物産は個人商店の発注や配送を支援する流通プラットフォーム事業に参画した。2050年に人口が現在の7割増の約25億人まで増える見通しで、最後のフロンティアに足がかりを築く。

住友商事はアフリカでスマホなどの分割販売を手掛けるエムコパの出資額を従来の600万ドルから大幅に増やした。エムコパはケニアを中心に事業を展開している。アプリを通じて一定の保証金を支払えば、スマホや電動バイク、小型の太陽光発電を購入できる。支払残額は電子マネーで分割払いでき、滞ると遠隔でスマホの利用を停止できるためリスクが小さい。

住商は協業するボーダフォンとの相乗効果も期待する。ボーダフォンはアフリカで通信インフラを整備しており、エムコパが進出することでスマホなどの普及を後押しできるとみている。

三井物産はケニアやナイジェリアなどで個人商店の発注と配送をオンラインで完結できるプラットフォームを運営するキヨスクグローバル・ホールディングス（モーリシャス）に少額出資した。オンラインで需要に応じた柔軟な仕入れをできるようにする。

配送網はアフリカで200万戸以上の農家とのネットワークを持つETGグループ（モーリシャス）と連携する。注文から24時間以内に9割の商店に納品できるといい、24年までにプラットフォームの登録店舗数を現在の5割増の30万店舗まで増やす計画だ。

フランスの調査会社パルテック・パートナーズによると、15年に約3億ドルだったアフリカのスタートアップ全体の資金調達額は21年に過去最高の52億ドルに達した。投資の約75％は「ビッグ4」と呼ばれているナイジェリア、ケニア、エジプト、南アフリカ共和国の4カ国に集中している。

ヘルスケア事業も伸びている。豊田通商は3月に医療プラットフォームを運営するケニアのTIBUヘルスに出資した。アフリカでは医療機関を探すのに時間がかかるが、同社は2分以内に患者と連絡を取れるようにし、治療までの時間を大幅に短縮できる。

商社以外でも関心が高まっている。アフリカ関係のコンサルティングやファンド運営で国内最大手のAAIC（東京・港）が募集する第2号のヘルスケアファンドは1億ドルと1号ファンドの2倍の規模に設定した。商社や金融機関などからの関心が高いという。

ただ、日本企業のアフリカへの進出規模は他の地域に比べて小さい。椿進代表は「アフリカは欧米のスタートアップ投資先としてはメジャーだ」と指摘し、日本企業の投資は不十分だとする。将来の成長を取り込むためには、投資の継続が欠かせない。　　　　　　　　（2023年5月24日　日本経済新聞）

商社5社、バフェット氏投資後に純利益4倍　計4兆円超

総合商社の2023年3月期連結決算（国際会計基準）が9日出そろった。大手5社の合計純利益は約4兆2000億円を超え、米著名投資家ウォーレン・バフェット氏が大量保有を始めた21年3月期から4倍超に増えた。24年3月期は市況が一服し、一転して全社最終減益の見通し。今後は脱炭素やデジタルなど市況に頼らない事業の持続的な成長モデル確立が課題となる。

「資源高の追い風を捉えて利益を伸ばせただけでなく、資源以外の稼ぐ力が高

まってきた」。9日、記者会見した三菱商事の中西勝也社長は手応えを口にした。23年3月期の純利益は前の期比26%増の1兆1806億円と、最高益を見込んでいた従来予想から上ぶれした。

同日発表した伊藤忠商事の23年3月期の純利益は微減の8005億円と過去最高水準だった。前の期に金融決済会社の売却益など一過性利益で計約1300億円計上した反動があった。石井敬太社長COO（最高執行責任者）は「実力値である一過性損益を除いた基礎収益は2年連続で過去最高を大幅に更新した」と語る。住友商事の純利益も22%増の5651億円の最高益だった。

23年3月期は三井物産の純利益も1兆円を超えるなど、伊藤忠を除く4社が純利益で過去最高を更新した。前の期に5社合計で1000億円強の減益要因となった「ロシア関連」の損失は、前期は開示ベースの損益計算書上で200億円程度だった。

大手5社の合計純利益はわずか2年で4.3倍になった。株価もバフェット氏が保有を公表した20年8月から8割高〜3.3倍だ。代表的なバフェット銘柄の米アップルや米コカ・コーラの上昇率を大きく上回る。

バフェット氏は6日開いた米バークシャー・ハザウェイの株主総会で、投資先の5大商社について買い増し余地があることを改めて述べ、「一緒に事業をするのを期待している」と協業にも前向きな姿勢を示した。

（2022年3月3日　日本経済新聞）

脱炭素、実地調査で専門人材育成　GIAに商社など参加

脱炭素への機運が高まるなかで、必要な知識やスキルを持った人材を育成するサービスが広がっている。教育プログラム「グリーン・イノベーター・アカデミー（GIA）」には、商社やメーカーなど20社・団体が参加する。専門家の講義や実地研修を通じて、脱炭素事業の創出を議論する。2050年に温暖化ガスの排出量を実質ゼロにする「カーボンニュートラル」に向け、業界を超えてグリーントランスフォーメーション（GX）を実現できる人材の需要が高まっている。

「改革のリーダーになるには、まず一歩を踏み出すことが重要だ」。22年8月下旬、東京・六本木で行われた開会式で、GIAの校長を務めるサッカー日本代表の元監督の岡田武史氏は生徒に対して、こう訴えた。

GIAは21年に開始し、経済産業省などが後援している。受講生は約4カ月間にわたって、オンラインと対面の併用で脱炭素に関する講義を集中して学ぶ。

元外交官や世界銀行で働く担当者などを講師に招き、脱炭素の世界事情などについて話を聞く。

座学だけでなく、より実践に近い形式の授業もそろえる。受講生はチームを組み、新規事業の企画を体験する。リーダーや調整役など、個人の適性診断に基づいてチームを組成し、脱炭素ビジネスの立案までを実施する。

GIAに参加した金融機関に勤務する社員は「中小企業向けの脱炭素への融資が必要なのに、人員の制約から大企業向けの融資しかできていない」と社内の現状を話す。なかにはGIAで議論を尽くした後に協業が進み、水素を活用した事業への連携を検討している事例もある。

GIAが力を入れている授業の1つが、実際に日本のエネルギーの現場を視察するフィールドワークだ。22年9月には東京電力福島第1原子力発電所に行き、1泊2日でフィールドワークを実施した。廃炉作業が進む福島第1原発で、防護服を着た状態での見学も組み込んだ。東電の社員からは、使用済み核燃料の取り出しが完了するのは31年までかかることなどの説明を受けた。

参加した商社勤務の男性は、現場の厳しい実情を見て「小型モジュール炉（SMR）では失敗が起きないようにしないといけない」と話した。GIAを運営する一般社団法人グリーン・イノベーションの菅原聡代表理事は福島でのフィールドワークの狙いについて「原発への賛否ではなく、日本のエネルギー問題を議論するには福島原発は避けて通れない」と話す。

一方で、福島県では太陽光パネルを見かける場所も多く、再生可能エネルギーの生産地になってきている。福島の道の駅などでは水素燃料電池のバスが走り、自動草刈り機など最先端技術の導入も進んでいる。参加者からは「都市を新たに再構築しているというポジティブな印象を受けた」との声もあった。

GIAが手がける22年のプログラムには延べ約50人が参加した。参加した企業の社員は、三菱商事などの商社や日立製作所などのメーカー、INPEXやユーグレナといったエネルギー関連など幅広い。23年は政策提言も視野に入れてプログラムを充実し、7月末から開講する予定だ。

GIAでは脱炭素に向けた改革のリーダーを、30年までに社会人と学生を合わせて1000人育成することを目標としている。グリーン・イノベーション共同代表・理事の坂野晶氏は「環境問題を知識として知るだけでなく、行動に移せる若い世代が増えてほしい」と期待する。

50年のカーボンニュートラルの実現に向けて、企業は脱炭素への対応が急務となっている。脱炭素の知識を習得するだけでなく、ビジネスへの実現までを担える人材の育成が欠かせない。このような企業の需要をにらみ、スタートアップや

コンサルティングなどを中心に、脱炭素人材の育成サービスが広がっている。

人材の育成支援を手がけるスキルアップAI（東京・千代田）は、関西電力子会社のオプテージ（大阪市）と共同で、22年から脱炭素関連の講座を始めた。脱炭素に関するビジネスの作り方を実践的に教えるのが特徴だ。メーカーやシステム会社のGX担当者を対象としている。

電力取引のプラットフォームを運営するデジタルグリッド（東京・港）は23年4月から、脱炭素人材を育成するeラーニングサービスを開始する。関連知識のほか、実務上の対応方法にも焦点をあてたカリキュラムを提供する。スマートフォンやPCで最短5分から学習でき、通勤などの時間を使いながら手軽に利用できるようにした。

（2023年3月31日　日本経済新聞）

商社3社が上方修正　三井物産は初の純利益1兆円超

三井物産は3日、2023年3月期の連結純利益（国際会計基準）が初めて1兆円を超える見通しだと発表した。同日、三菱商事と丸紅も純利益を上方修正した。資源価格の上昇を受けた総合商社の利益拡大が続いている。積み上がった利益を積極的な株主還元に充てている。ただ資源高には一服感もみられ、景気減速への警戒感も強まっている。

住友商事を除く大手4社の22年4～12月期の連結決算が3日出そろった。三井物産は23年3月期の純利益見通しを1000億円上方修正し、前期比18％増の1兆800億円になると発表した。三菱商事も1200億円引き上げ23％増の1兆1500億円に、丸紅も200億円引き上げ25％増の5300億円と、3社とも過去最高となる。

4社の今期の純利益合計は3兆5600億円と前期比で15％増、2年前と比べると3倍超と急拡大している。各社の利益を押し上げている要因のひとつが資源高だ。

三井物産は全体に占める資源の比率が高い。ガス価格の上昇で「液化天然ガス（LNG）事業が好調だった」（重田哲也最高財務責任者＝CFO）と、エネルギー部門の利益が従来予想を800億円上回る。石炭や鉄鉱石の価格も高止まりし、金属資源部門も150億円上方修正した。

三菱商事も製鉄に使う原料炭やLNGの価格上昇のほか、自動車や総合素材が寄与する。丸紅は英国の子会社スマーテストエナジーが担う電力卸売・小売な

どの電力事業の純利益見通しを130億円引き上げた。通期予想を据え置いた伊藤忠商事も、4～12月期の純利益の通期予想に対する進捗率が85％と高水準だ。

商社に対しては積み上がった利益に対し、投資家から積極的な株主還元策を求める声が高まっている。各社も積極的な株主還元に乗り出している。

3日は通期見通しを上方修正した3社が、年間配当計画を引き上げた。三菱商事が前期比30円増の180円と従来予想から25円、三井物産が30円増の135円と5円、丸紅が16円増の78円と3円積み増した。自社株買いも三菱商事と三井物産が1000億円、伊藤忠が250億円の追加を決めた。

丸紅は新たな株主還元方針を発表した。これまで配当性向25％以上、60円を下限としていた配当は、今期の78円を起点に累進的に配当を引き上げる。総還元性向で30～35％程度を目安に機動的に自社株買いをする。

これまでの業績をけん引してきた資源価格や円安にも一服感がでており、先行きには不透明感もある。

為替の感応度については三菱商事が他の通貨も含めて米ドル換算で1円円高になれば50億円、伊藤忠が36億円、三井物産が米ドルに対して46億円、丸紅が18億円の減益要因だ。資源でも三井物産は主力の鉄鉱石価格が1トン当たり1ドル下がった場合、純利益が22億円減る。

22年4～12月期の4社合計の純利益は前年同期比29％増の2兆9422億円。通期見通しから逆算した23年1～3月期は24％減ることになる。三井物産の重田CFOは「23年1～3月期の利益は22年10～12月期と比べ低下するとみている。（資源などの）価格の正常化もあるので一定程度のマージン圧縮も見込んでいる」とする。

来期はさらに厳しい。24年3月期の純利益は、市場予想の平均であるQUICKコンセンサス（1日時点、8～10社）で4社とも減益予想だ。SMBC日興証券の森本晃氏は「景気後退リスクが拭えない中では（22年4～12月期の好業績は）過去の実績にすぎない」と慎重な見方を示す。

ウクライナ危機や脱炭素社会への移行などで経営環境が大きく変わる中、資源や為替の追い風がやめば真の実力が問われることになる。市況に頼らない収益構造に向けて、株式市場からの還元期待に応えつつ、資金をどの事業に振り向けるかが持続的成長への焦点となりそうだ。

（2023年2月3日　日本経済新聞）

▶労働環境

職種：ITコンサルタント　　年齢・性別：20代後半・男性

- 社員同士で何でも話せて，社内の雰囲気は良いと思います。
- 営業方針については，体育会系の飛び込み営業などはありません。
- 全体的にはまずまず良い企業だと言えるかもしれません
- 国内最新鋭の商材に触れられて，やりがいも感じられます。

職種：法人営業　　年齢・性別：30代前半・男性

- 他業種に比べて残業は多いですが，以前に比べると減りました。
- 部署やプロジェクト毎に残業事情は大きく異なります。
- 連日残業が続くと確かに厳しいですが，給料が良いので頑張れます。
- そもそも多忙を心配する人は，この会社に向かないかもしれません。

職種：一般事務　　年齢・性別：20代後半・女性

- 一般職は定時に帰る人もいれば遅くまで残業する人もいます。
- 19時までに帰る人がほとんどですが，中には遅くまで残業する人も。
- 残業代，休日出勤手当はしっかりとつけられます。
- 有給休暇をしっかり取ることが推奨されていて，気軽に取れます。

職種：海外営業　　年齢・性別：20代後半・男性

- 残業代は全額出ますので，ガンガン働いて稼ぎたい人にはお勧め。
- 仕事で結果を出し続けるにはそれ相応の能力が必要になってきます。
- 日頃から語学など学ぶ必要性が出てくるのはいうまでもありません。
- 努力が好きな人には，成長もできて給料ももらえて一石二鳥かと。

▶福利厚生

職種：**法人営業**　　年齢・性別：**20代後半・男性**

- 独身寮や社宅はありますが，住宅補助はありません。
- 年2回リフレッシュ休暇を取れますが，有給消化率は高くないです。
- 残業の管理が厳しくなり，残業時間の割に残業代が減った印象です。
- 育児休暇の取得は可能ですが，職種によっては復帰が大変そうです。

職種：**アプリケーション設計（汎用機）**　　年齢・性別：**30代後半・女性**

- 福利厚生はしっかりしていると思います。
- 資格試験用に手当があり，クラブ活動に対する補助などもあります。
- 社員旅行はありませんが，毎年全社で企画するイベントがあります。
- 遊園地のチケットが家族分配られるというのもあります。

職種：**新規事業・事業開発**　　年齢・性別：**20代後半・女性**

- 住宅手当や保養所などもあり，福利厚生は充実しています。
- 全国に保養施設があり，長期休暇で利用するには割安感があります。
- 有給休暇は比較的取得しやすく，残業は比較的少ないです。
- 女性社員の育児休暇もかなり寛容で，復帰後のサポートも万全です。

職種：**社内SE**　　年齢・性別：**30代後半・女性**

- 会社の中に病院があり，内科や耳鼻科，眼科も受診できます。
- ベネフイット利用ですが，いくつか保養所もあります。
- 宿泊手当もあって，旅行で年に7日まで5000円の手当てが出ます。
- 各路線と地下でつながり傘いらずのオフィスというのも良い点かと。

▶仕事のやりがい

職種：法人営業　　年齢・性別：30代後半・男性

・若手でも責任ある仕事を任されるので，やりがいがあります。
・特に営業は比較的自由で，自分で思い描いたように行動できます。
・最近は業績を上げても収入がそれほど上がらなくなりました。
・全体的にモチベーションが低下しているように思います。

職種：代理店営業　　年齢・性別：20代後半・男性

・オイル，穀物等エネルギービジネスに強みがあるグローバル企業。
・仕事を通じて得られる成長性や能力はたくさんあります。
・英語力はもちろん，ビジネススキルは格段とアップするでしょう。
・キャリア志向であれば文句のない会社だと思います。

職種：販促企画・営業企画　　年齢・性別：30代後半・男性

・世界を舞台に新しいビジネスを生み出せるところが魅力です。
・膨大な資金力と組織力から常にビジネスの最先端で働けます。
・日々の業務の中，優秀な同僚達と切磋琢磨できる環境は貴重です。
・実際に当社で学んだノウハウを武器に起業する人も多いようです。

職種：海外営業　　年齢・性別：20代後半・男性

・とにかく仕事のスケールが大きく刺激があります。
・日本のエネルギー供給を背負っているという使命感にかられます。
・どの部署に所属しても，この会社でしかできない仕事に携われます。
・海外出張は当たり前なので，海外好きな人にはお勧めな職場です。

▶ブラック？ホワイト？

職種：法人営業　　年齢・性別：30代後半・男性

- うまくいっているビジネスモデルがほとんどありません。
- 戦略が頻繁に変わるため，現場は上からの戦略を信頼していません。
- 業界内に自社の居場所がなくなりつつあるのを現場は感じています。
- 現場の危機感をよそに，上層部は内向きの議論ばかりしています。

職種：財務　　年齢・性別：20代後半・男性

- ここで働き続けるには，仕事以外の関係を捨て去る覚悟が必要です。
- ワークライフバランスはないに等しいといえます。
- 接待だけでなく，土日祝日に会社のイベントが入れば強制参加です。
- 出産・育児・介護に関しても，ほぼ退職を余儀なくされます。

職種：営業事務・管理事務　　年齢・性別：20代後半・男性

- 昔は若手も抜擢され，経験を積ませてもらえたらしいですが，現在は年功序列のため，若手が抜擢されることは稀です。
- 現在は経営が悪化し，慎重になっている部分があるのかと思います。
- 社員全体のやる気はあるので，海外での経験は積めると思います。

職種：法人営業　　年齢・性別：20代後半・男性

- 日本や世界の経済に影響するような大規模案件に携われます。
- しかし，実際の仕事内容は意外と地味で面白くはありません。
- 事務的作業や伝言ゲーム的な仕事も多く，やりがいはありません。
- 若者の長くいるべきところではないのかなという気もしています。

▶女性の働きやすさ

職種：セールスエンジニア　　年齢・性別：20代後半・女性

- 女性にとって非常に働きやすい環境だと思います。
- 社会的にも会社的にも，女性の力を尊重する流れにあります。
- 管理職や総合職にも積極的に転向できる環境が整ってきています。
- やりがいを持って働きたい女性には非常に良い環境だと思います。

職種：営業アシスタント　　年齢・性別：20代前半・女性

- 管理職はほぼ男性で，女性の管理職は稀です。
- 出産等で現場を離れると，復帰後も管理職は目指しにくいようです。
- 管理職になった場合でも，男性よりも年次は遅くなります。
- 部署も営業部門よりはコーポレート部門での採用が多いようです。

職種：経理　　年齢・性別：20代前半・女性

- 産休・育休は取りやすく，復職後も時短勤務にすることが可能です。
  ただし，時短勤務となるとやりがいのある仕事はありません。
- 時短勤務の間はルーチンワークに従事することになります。
- 子供の急な発熱などで休みが続くと，上司に嫌味を言われることも。

職種：経営企画　　年齢・性別：20代後半・女性

- 女性も管理職を目指せると思いますが男尊女卑の風潮は拭えません。
- 管理職になるには海外勤務を経る必要があり，ハードルは高いです。
- 部長以上に上がった女性の例はほぼありません。
- 管理職になったとしても，周囲とうまくやっていくのは厳しいかと。

▶今後の展望

職種：経理　　年齢・性別：20代前半・女性

・社会的な流れから女性管理職を会社としても増やす方針のようです。
・総合職の女性は男性と同様に扱われるので，管理職も目指せます。
・総合職は残業が多いので，子持ちは親の支援がないと厳しいです。
・実際に最近，管理職の女性が増えてきているように見受けられます。

職種：法人営業　　年齢・性別：20代後半・男性

・将来性という点においては残念ながら不安を感じざるを得ません。
・日本メーカーの工場が海外移転する中，当社に危機感は感じられず。
・全社的にもや倒産する事はないといった安心感があるようです。
・新規事業開拓への取り組みも積極的ではないのも問題かと。

職種：海外営業　　年齢・性別：20代後半・男性

・急速に業容が拡大しましたが，業務移管によるもので喜べません。
・近年では海外事業を伸ばす方針を強く打ち出してきていますが，現地
　スタッフや駐在員への丸投げが多く信頼を失う状態です。
・全社的に地道に実力をつける意識がないと今後の発展は難しいかと。

職種：法人営業　　年齢・性別：30代後半・男性

・地球温暖化対策として，代替エネルギーの活用に取り組んでいます。
・エネルギーを一旦電力に変換し蓄積する技術の向上が急務です。
・現段階の実用技術では大容量バッテリーが最も現実的な手段です。
・将来の世界の環境に貢献できるやりがいを感じる事ができます。

商社　国内企業リスト （一部抜粋）

会社名	本社住所
ホウスイ	東京都中央区築地五丁目 2 番 1 号
高千穂交易	東京都新宿区四谷 1 丁目 2 番 8 号
伊藤忠食品	大阪府大阪市中央区城見二丁目 2 番 22 号
エレマテック	東京都港区三田三丁目 5 番 27 号
JALUX	東京都品川区東品川 3-32-42 I・S ビル
あらた	千葉県船橋市海神町南一丁目 1389 番地
トーメンデバイス	東京都中央区晴海 1 丁目 8 番 12 号 トリトンスクエア　オフィスタワー Z 棟　30 階
東京エレクトロンデバイス	神奈川県横浜市神奈川区金港町 1-4 横浜イーストスクエア
双日	東京都千代田区内幸町 2-1-1
アルフレッサホールディングス	東京都千代田区大手町一丁目 1 番 3 号
横浜冷凍	横浜市西区みなとみらい四丁目 6 番 2 号 みなとみらいグランドセントラルタワー 7 階
神栄	神戸市中央区京町 77 番地の 1
山下医科器械	福岡県福岡市中央区渡辺通 3 丁目 6 番 15 号 NOF 天神南ビル 6 階
ラサ商事	東京都中央区日本橋蛎殻町一丁目 11 番 5 号 RASA 日本橋ビルディング
アルコニックス	東京都千代田区永田町二丁目 11 番 1 号 山王パークタワー 12 階
神戸物産	兵庫県加古郡稲美町中一色 883 番地
あい ホールディングス	東京都中央区日本橋久松町 12 番 8 号
ダイワボウホールディングス	大阪市中央区久太郎町 3 丁目 6 番 8 号
バイタルケーエスケー・ホールディングス	東京都中央区日本橋室町一丁目 9 番 12 号
八洲電機	東京都港区新橋三丁目 1 番 1 号
UKC ホールディングス	東京都品川区大崎一丁目 11 番 2 号 ゲートシティ大崎イーストタワー 15 階
TOKAI ホールディングス	静岡市葵区常磐町 2-6-8
三洋貿易	東京都千代田区神田錦町 2 丁目 11 番地
ミタチ産業	名古屋市中区伊勢山二丁目 11 番 28 号 ミタチビル
シップヘルスケアホールディングス	大阪府吹田市春日 3-20-8
富士興産	東京都台東区柳橋 2-19-6
協栄産業	東京都渋谷区松濤 2-20-4

会社名	本社住所
小野建	大分市大字鶴崎 1995-1
佐鳥電機	東京都港区芝一丁目 14 番 10 号
エコートレーディング	兵庫県西宮市鳴尾浜 2 丁目 1 番 23 号
伯東	東京都新宿区新宿一丁目 1 番 13 号
コンドーテック	大阪市西区境川二丁目 2 番 90 号
中山福	大阪市中央区島之内 1-22-9
ナガイレーベン	東京都千代田区岩本町 1-2-19
三菱食品	東京都大田区平和島 6 丁目 1 番 1 号
松田産業	東京都新宿区西新宿 1-26-2 新宿野村ビル 6F
メディパルホールディングス	東京都中央区八重洲二丁目 7 番 15 号
アドヴァン	東京都渋谷区神宮前 4-32-14
SPK	大阪市福島区福島 5 丁目 5-4
アズワン	大阪市西区江戸堀二丁目 1 番 27 号
スズデン	東京都文京区湯島 2 丁目 2 番 2 号
尾家産業	大阪市北区豊崎 6-11-27
シモジマ	東京都台東区浅草橋五丁目 29 番 8 号
ドウシシャ	大阪市中央区東心斎橋 1-5-5
高速	仙台市宮城野区扇町七丁目 4 番 20 号
黒田電気	東京都品川区南大井 5-17-9
丸文	東京都中央区日本橋大伝馬町 8-1
ハピネット	東京都台東区駒形二丁目 4 番 5 号 駒形 CA ビル
トーメンエレクトロニクス	東京都港区港南 1-8-27 日新ビル
エクセル	東京都港区西新橋三丁目 12 番 10 号
マルカキカイ	大阪府茨木市五日市緑町 2 番 28 号
ガリバーインターナショナル	東京都千代田区丸の内 2-7-3 東京ビルディング 25 階
日本エム・ディ・エム	東京都新宿区市谷台町 12 番 2 号
進和	名古屋市守山区苗代 2-9-3
エスケイジャパン	福岡県筑紫野市桜台 2-23-2
ダイトエレクトロン	大阪市淀川区宮原 4-6-11
シークス	大阪市中央区備後町一丁目 4 番 9 号

会社名	本社住所
田中商事	東京都品川区南大井 3 丁目 2 番 2 号
オーハシテクニカ	東京都港区虎ノ門三丁目 7 番 2 号
マクニカ	横浜市港北区新横浜 1-6-3 マクニカ第 1 ビル
白銅	東京都千代田区丸の内 2-5-2 三菱ビル 11 階
伊藤忠商事	東京都港区北青山 2 丁目 5 番 1 号
丸紅	東京都千代田区大手町一丁目 4 番 2 号
高島	東京都千代田区神田駿河台 2-2 御茶ノ水杏雲ビル（受付 13F）
長瀬産業	東京都中央区日本橋小舟町 5-1
蝶理	大阪市中央区淡路町一丁目 7 番 3 号
豊田通商	名古屋市中村区名駅四丁目 9 番 8 号（センチュリー豊田ビル）
三共生興	大阪市中央区安土町 2-5-6
兼松	東京都港区芝浦 1-2-1 シーバンス N 館
ツカモトコーポレーション	東京都中央区日本橋本町 1-6-5
三井物産	東京都千代田区大手町 1 丁目 2 番 1 号
日本紙パルプ商事	東京都中央区勝どき 3-12-1 フォアフロントタワー
日立ハイテクノロジーズ	東京都港区西新橋 1 丁目 24 番 14 号
カメイ	仙台市青葉区国分町 3 丁目 1-18
東都水産	東京都中央区築地 5-2-1
OUG ホールディングス	大阪府大阪市福島区野田 2 丁目 13-5
スターゼン	東京都港区港南 2-5-7 港南ビル
山善	大阪市西区立売堀 2-3-16
椿本興業	大阪市北区梅田三丁目 3 番 20 号
住友商事	東京都中央区晴海 1 丁目 8 番 11 号 晴海アイランドトリトンスクエア オフィスタワー Y 棟
内田洋行	東京都中央区新川 2 丁目 4 番 7 号
三菱商事	東京都千代田区丸の内二丁目 3 番 1 号
第一実業	東京都千代田区二番町 11 番 19 号
キヤノンマーケティングジャパン	東京都港区港南 2-16-6
西華産業	東京都千代田区丸の内 3-3-1（新東京ビル）
佐藤商事	東京都千代田区丸の内 1-8-1 丸の内トラストタワー N 館 16 階

会社名	本社住所
菱洋エレクトロ	東京都中央区築地 1 丁目 12 番 22 号（コンワビル）
東京産業	東京都千代田区大手町 2-2-1（新大手町ビル 8 階）
ユアサ商事	東京都中央区日本橋大伝馬町 13 番 10 号
神鋼商事	大阪府大阪市中央区北浜二丁目 6 番 18 号（淀屋橋スクエア）
小林産業	名古屋市西区五才美町 100-1
阪和興業	大阪市中央区北久宝寺町 3-6-1
カナデン	東京都港区新橋 4-22-4
菱電商事	東京都豊島区東池袋 3-15-15
フルサト工業	大阪市中央区南新町 1-2-10
岩谷産業	東京都港区西新橋 3-21-8
すてきナイスグループ	神奈川県横浜市鶴見区鶴見中央 4-33-1 ナイスビル 8 階
昭光通商	東京都港区芝公園 2-4-1 芝パークビル B 館 3 階
ニチモウ	東京都品川区東品川 2-2-20（天王洲郵船ビル）
極東貿易	東京都千代田区大手町 2-2-1（新大手町ビル 7 階）
イワキ	東京都中央区日本橋本町 4-8-2
三愛石油	東京都品川区東大井五丁目 22 番 5 号
稲畑産業	大阪市中央区南船場一丁目 15 番 14 号
GSI クレオス	東京都千代田区九段南二丁目 3-1
明和産業	東京都千代田区丸の内三丁目 3 番 1 号
ワキタ	大阪市西区江戸堀一丁目 3 番 20 号
東邦ホールディングス	東京都世田谷区代沢 5-2-1
サンゲツ	名古屋市西区幅下 1-4-1
ミツウロコグループホールディングス	東京都中央区京橋三丁目 1 番 1 号
シナネン	東京都港区海岸一丁目 4 番 22 号
伊藤忠エネクス	東京都港区芝浦三丁目 4 番 1 号
サンリオ	東京都品川区大崎 1-11-1 ゲートシティ大崎（ウエストタワー 14F）
サンワテクノス	東京都中央区八重洲 2-8-7（福岡ビル）
リョーサン	東京都千代田区東神田二丁目 3 番 5 号
新光商事	東京都品川区大崎 1-2-2 アートヴィレッジ大崎セントラルタワー 13F
トーホー	神戸市東灘区向洋町西 5 丁目 9 番

会社名	本社住所
三信電気	東京都港区芝四丁目 4 番 12 号
東陽テクニカ	東京都中央区八重洲一丁目 1 番 6 号
モスフードサービス	東京都品川区大崎 2-1-1
加賀電子	東京都千代田区外神田 3-12-8 住友不動産秋葉原ビル
ソーダニッカ	東京都中央区日本橋三丁目 6-2 日本橋フロント 5 階
立花エレテック	大阪市西区西本町 1-13-25
Paltac	大阪市中央区本町橋 2 番 46 号
太平洋興発	東京都台東区元浅草 2-6-7 マタイビル 6 階
ヤマタネ	東京都江東区越中島 1 丁目 2 番 21 号
丸紅建材リース	東京都港区芝公園 2 丁目 4 番 1 号
日鉄住金物産	東京都港区赤坂八丁目 5 番 27 号
トラスコ中山	大阪府大阪市西区新町一丁目 34 番 15 号 トラスコグレンチェックビル
オートバックスセブン	東京都江東区豊洲五丁目 6 番 52 号（NBF 豊洲キャナルフロント）
加藤産業	兵庫県西宮市松原町 9 番 20 号
イノテック	神奈川県横浜市港北区新横浜 3-17-6
イエローハット	東京都中央区日本橋馬喰町 1-4-16 馬喰町第一ビルディング
富士エレクトロニクス	東京都文京区本郷 3-2-12 御茶の水センタービル
JK ホールディングス	東京都江東区新木場 1-7-22
日伝	大阪市中央区上本町西 1-2-16
北沢産業	東京都渋谷区東 2 丁目 23-10
杉本商事	大阪市西区立売堀 5 丁目 7 番 27 号
因幡電機産業	大阪市西区立売堀四丁目 11 番 14 号
バイテック	東京都品川区東品川 3 丁目 6 番 5 号
ミスミグループ	東京都文京区後楽 2-5-1 飯田橋ファーストビル
江守商事	福井市毛矢 1-6-23
アルテック	東京都中央区入船 2-1-1 住友入船ビル 2 階
タキヒヨー	愛知県名古屋市西区牛島町 6 番 1 号（名古屋ルーセントタワー 22F・23F・24F）
スズケン	愛知県名古屋市東区東片端町 8 番地
ジェコス	東京都中央区日本橋小網町 6-7（第 2 山万ビル）

第3章

就職活動のはじめかた

入りたい会社は決まった。しかし「就職活動とはそもそも何をしていいのかわからない」「どんな流れで進むかわからない」という声は意外と多い。ここでは就職活動の一般的な流れや内容，対策について解説していく。

▶就職活動のスケジュール

3月　　　　　　**4月**　　　　　　**6月**

就職活動スタート ◀ 2025年卒の就活スケジュールは,経団連と政府を中心に議論され,2024年卒の採用選考スケジュールから概ね変更なしとされている。

エントリー受付・提出

OB・OG訪問

企業の説明会には積極的に参加しよう。自の企業研究だけでは見えてこなかったたな情報を得る機会であるとともに,モベーションアップにもつながる。また,説会に参加した者だけに配布する資料などある。

合同企業説明会　　　個別企業説明会

筆記試験・面接試験等始まる（3月～）

内々定(大手企業

2月末までにやっておきたいこと

就職活動が本格化する前に,以下のことに取り組んでおこう。
◎自己分析　◎インターンシップ　◎筆記試験対策
◎業界研究・企業研究　◎学内就職ガイダンス

自分が本当にやりたいことはなにか,自分の能力を最大限に活かせる会社はどこか。自己分析と企業研究を重ね,それを文章などにして明確にしておき,面接時に最大限に活用できるようにしておこう。

月 **8月** **10月**

中 小 企 業 採 用 本 格 化

内定者の数が採用予定数に満た
ない企業，1年を通して採用を継
続している企業，夏休み以降に採
用活動を実施企業（後期採用）は
採用活動を継続して行っている。
大企業でも後期採用を行っている
こともあるので，企業から内定が
出ても，納得がいかなければ継続
して就職活動を行うこともある。

中小企業の採用が本格化するのは大手
企業より少し遅いこの時期から。HP
などで採用情報をつかむとともに，企
業研究も怠らないようにしよう。

内々定とは10月1日以前に通知（電話等）
されるもの。内定に関しては現在協定があり，
10月1日以降に文書等にて通知される。

内々定（中小企業）　　　　内定式（10月〜）

どんな人物が求められる？

多くの企業は，常識やコミュニケーション能力があり，社会のできごと
に高い関心を持っている人物を求めている。これは「会社の一員とし
て将来の企業発展に寄与してくれるか」という視点に基づく，もっとも
普遍的な選考基準だ。もちろん，「自社の志望を真剣に考えているか」
「自社の製品，サービスにどれだけの関心を向けているか」という熱
意の部分も重要な要素になる。

就活ロールプレイ！

理論編

理論編 STEP 1　就職活動のスタート

内定までの道のりは，大きく分けると以下のようになる。

自 己 分 析

↓

企 業 研 究

↓

エントリーシート・筆記試験・面接

↓

内 定

01 まず自己分析からスタート

　就職活動とは，「企業に自分をPRすること」。自分自身の興味，価値観に加えて，強み・能力という要素が加わって，初めて企業側に「自分が働いたら，こういうポイントで貢献できる」と自分自身を売り込むことができるようになる。

■自分の来た道を振り返る

　自己分析をするための第一歩は，「振り返ってみる」こと。

　小学校，中学校など自分のいた"場"ごとに何をしたか（部活動など），何を学んだか，交友関係はどうだったか，興味のあったこと，覚えている印象的なことを書き出してみよう。

■テストを受けてみる

　"自分では気がついていない能力"を客観的に検査してもらうことで，自分に向いている職種が見えてくる。下記の5種類が代表的なものだ。

①職業適性検査　　②知能検査　　③性格検査

④職業興味検査　　⑤創造性検査

■**先輩や専門家に相談してみる**

　就職活動をするうえでは，"いかに他人に自分のことをわかってもらうか"が重要なポイント。他者の視点で自分を分析してもらうことで，より客観的な視点で自己PRができるようになる。

自己分析の流れ

❏過去の経験を書いてみる

❏現在の自己イメージを明確にする…行動，考え方，好きなものなど。

❏他人から見た自分を明確にする

❏将来の自分を明確にしてみる…どのような生活をおくっていたいか。期待，夢，願望。なりたい自分はどういうものか，掘り下げて考える。→自己分析結果を，志望動機につなげていく。

01 企業の絞り込み

　志望企業の絞り込みについての考え方は大きく分けて2つある。

　第1は，同一業種の中で1次候補，2次候補……と絞り込んでいく方法。

　第2は，業種を1次，2次，3次候補と変えながら，それぞれに2社程度ずつ絞り込んでいく方法。

　第1の方法では，志望する同一業種の中で，一流企業，中堅企業，中小企業，縁故などがある歯止めの会社……というふうに絞り込んでいく。

　第2の方法では，自分が最も望んでいる業種，将来好きになれそうな業種，発展性のある業種，安定性のある業種，現在好況な業種……というふうに区別して，それぞれに適当な会社を絞り込んでいく。

02 情報の収集場所

・キャリアセンター

・新聞

・インターネット

・企業情報

『就職四季報』（東洋経済新報社刊），『日経会社情報』（日本経済新聞社刊）などの企業情報。この種の資料は本来“株式市場”についての資料だが，その時期の景気動向を含めた情報を仕入れることができる。

・経済雑誌

『ダイヤモンド』（ダイヤモンド社刊）や『東洋経済』（東洋経済新報社刊），『エコノミスト』（毎日新聞出版刊）など。

・OB・OG／社会人

①成長力

まず"売上高"。次に資本力の問題や利益率などの比率。いくら資本金があっても，それを上回る膨大な借金を抱えていて，いくら稼いでも利払いに追われまくるようでは，成長できないし，安定できない。

成長力を見るには自己資本率を割り出してみる。自己資本を総資本で割って100を掛けると自己資本率がパーセントで出てくる。自己資本の比率が高いほうが成長力もあり安定度も高い。

利益率は純利益を売上高で割って100を掛ける。利益率が高ければ，企業はどんどん成長するし，社員の待遇も上昇する。利益率が低いということは，仕事がどんなに忙しくても利益にはつながらないということになる。

②技術力

技術力は，短期的な見方と長期的な展望が必要になってくる。研究部門が適切な規模か，大学など企業外の研究部門との連絡があるか，先端技術の分野で開発を続けているかどうかなど。

③経営者と経営形態

会社が将来，どのような発展をするか，または衰退するかは経営者の経営哲学，経営方針によるところが大きい。社長の経歴を知ることも必要。創始者の息子，孫といった親族が社長をしているのか，サラリーマン社長か，官庁などからの天下りかということも大切なチェックポイント。

④社風

社風というのは先輩社員から後輩社員に伝えられ，教えられるもの。社風もいろいろな面から必ずチェックしよう。

⑤安定性

企業が成長しているか，安定しているかということは車の両輪。どちらか片方の回転が遅くなっても企業はバランスを失う。安定し，しかも成長する。これが企業として最も理想とするところ。

⑥待遇

初任給だけを考えてみても，それが手取りなのか，基本給なのか。基本給というのはボーナスから退職金，定期昇給の金額にまで響いてくる。また，待遇というのは給与ばかりではなく，福利厚生施設でも大きな差が出てくる。

■そのほかの会社比較の基準

1. ゆとり度

　休暇制度は，企業によって独自のものを設定しているところもある。「長期休暇制度」といったものなどの制定状況と，また実際に取得できているかどうかも調べたい。

2. 独身寮や住宅設備

　最近では，社宅は廃止し，住宅手当を多く出すという流れもある。寮や社宅についての福利厚生は調べておく。

3. オフィス環境

　会社に根づいた慣習や社員に対する考え方が，意外にオフィスの設備やレイアウトに表れている場合がある。

　たとえば，個人の専有スペースの広さや区切り方，パソコンなどOA機器の設置状況，上司と部下の机の配置など，会社によってずいぶん違うもの。玄関ロビーや受付の様子を観察するだけでも，会社ごとのカラーや特徴がどこかに見えてくる。

4. 勤務地

　転勤はイヤ，どうしても特定の地域で生活していきたい。そんな声に応えて，最近は流通業などを中心に，勤務地限定の雇用制度を取り入れる企業も増えている。

---

column　初任給では分からない本当の給与

　会社の給与水準には「初任給」「平均給与」「平均ボーナス」「モデル給与」など，判断材料となるいくつかのデータがある。これらのデータからその会社の給料の優劣を判断するのは非常に難しい。

　たとえば中小企業の中には，初任給が飛び抜けて高い会社がときどきある。しかしその後の昇給率は大きくないのがほとんど。

　一方，大手企業の初任給は業種間や企業間の差が小さく，ほとんど横並びと言っていい。そこで，「平均給与」や「平均ボーナス」などで将来の予測をするわけだが，これは一応の目安とはなるが，個人差があるので正確とは言えない。

■決定版「就職ノート」はこう作る

1冊にすべて書き込みたいという人には，ルーズリーフ形式のノートがお勧め。会社研究，スケジュール，時事用語，OB／OG訪問，切り抜きなどの項目を作りインデックスをつける。

カレンダー，説明会，試験などのスケジュール表を貼り，とくに会社別の説明会，面談，書類提出，試験の日程がひと目で分かる表なども作っておく。そして見開き2ページで1社を載せ，左ページに企業研究，右ページには志望理由，自己PRなどを整理する。

就職ノートの主なチェック項目

❏企業研究…資本金，業務内容，従業員数など基礎的な会社概要から，過去の採用状況，業務報告などのデータ

❏採用試験メモ…日程，条件，提出書類，採用方法，試験の傾向など

❏店舗・営業所見学メモ…流通関係，銀行などの場合は，客として訪問し，商品（値段，使用価値，ユーザーへの配慮），店員（接客態度，商品知識，熱意，親切度），店舗（ショーケース，陳列の工夫，店内の清潔さ）などの面をチェック

❏OB／OG訪問メモ…OB／OGの名前，連絡先，訪問日時，面談場所，質疑応答のポイント，印象など

❏会社訪問メモ…連絡先，人事担当者名，会社までの交通機関，最寄り駅からの地図，訪問のときに得た情報や印象，訪問にいたるまでの経過も記入

　「OB／OG訪問」は，実際は採用予備選考開始。まず，OB／OG訪問を希望したら，大学のキャリアセンター，教授などの紹介で，志望企業に勤める先輩の手がかりをつかむ。もちろん直接電話なり手紙で，自分の意向を会社側に伝えてもいい。自分の在籍大学，学部をはっきり言って，「先輩を紹介していただけないでしょうか」と依頼しよう。

参考 ▶

OB／OG訪問時の質問リスト例

●**採用について**

　・成績と面接の比重　　　　　　・評価のポイント

　・採用までのプロセス（日程）　・筆記試験の傾向と対策

　・面接は何回あるか　　　　　　・コネの効力はどうか

　・面接で質問される事項　etc.

●**仕事について**

　・内容（入社10年，20年のOB/OG）　・新入社員の仕事

　・希望職種につけるのか　　　　　　・やりがいはどうか

　・残業，休日出勤，出張など　　　　・同業他社と比較してどうか　etc.

●**社風について**

　・社内のムード　　　　　　　　・上司や同僚との関係

　・仕事のさせ方　etc.

●**待遇について**

　・給与について　　　　　　　　・福利厚生の状態

　・昇進のスピード　　　　　　　・離職率について　etc.

インターンシップとは，学生向けに企業が用意している「就業体験」プログラム。ここで学生はさまざまな企業の実態をより深く知ることができ，その後の就職活動において自己分析，業界研究，職種選びなどに活かすことができる。また企業側にとっても有能な学生を発掘できるというメリットがあるため，導入する企業は増えている。

インターンシップ参加が採用につながっているケースもあるため，たくさん参加してみよう。

column　コネを利用するのも1つの手段？

コネを活用できるのは，以下のような場合である。

・企業と大学に何らかの「連絡」がある場合

企業の新卒採用の場合，特定校・指定校が決められていることもある。企業側が過去の実績などに基づいて決めており，大学の力が大きくものをいう。

とくに理工系では，指導教授や研究室と企業との連絡が密接な場合が多く，教授の推薦が有利であることは言うまでもない。同じ大学出身の先輩とのコネも，この部類に区分できる。

・志望企業と「関係」ある人と関係がある場合

一般的に言えば，志望企業の取り引き先関係からの紹介というのが一番多い。ただし，年間億単位の実績が必要で，しかも部長・役員以上につながっていなければコネがあるとは言えない。

・志望企業と何らかの「親しい関係」がある場合

志望企業に勤務したりアルバイトをしていたことがあるという場合。インターンシップもここに分類される。職場にも馴染みがあり人間関係もできているので，就職に際してきわめて有利。

・志望会社に関係する人と「縁故」がある場合

縁故を「血縁関係」とした場合，日本企業ではこのコネはかなり有効なところもある。ただし，血縁者が同じ会社にいるというのは不都合なことも多いので，どの企業も慎重。

1. 受付の様子

受付事務がテキパキとしていて，分かりやすいかどうか。社員の態度が親切で誠意が伝わってくるかどうか。

こういった受付の様子からでも，その会社の社員教育の程度や，新入社員採用に対する熱意とか期待を推し測ることができる。

2. 控え室の様子

控え室が2カ所以上あって，国立大学と私立大学の訪問者とが，別々に案内されているようなことはないか。また，面談の順番を意図的に変えているようなことはないか。これはよくある例で，すでに大半は内定しているということを意味する場合が多い。

3. 社内の雰囲気

社員の話し方，その内容を耳にはさむだけでも，社風が伝わってくる。

4. 面談の様子

何時間も待たせたあげくに，きわめて事務的に，しかも投げやりな質問しかしないような採用担当者である場合，この会社は人事が適正に行われていないということだから，一考したほうがよい。

参考 ▶ 説明会での質問項目

・質問内容が抽象的でなく，具体性のあるものかどうか。
・質問内容は，現在の社会・経済・政治などの情況を踏まえた，
　大学生らしい高度で専門性のあるものか。
・質問をするのはいいが，「それでは，あなたの意見はどうか」と
　逆に聞かれたとき，自分なりの見解が述べられるものであるか。

提出する書類は6種類。①〜③が大学に申請する書類，④〜⑥が自分で書く書類だ。大学に申請する書類は一度に何枚も入手しておこう。

① 「卒業見込証明書」

② 「成績証明書」

③ 「健康診断書」

④ 「履歴書」

⑤ 「エントリーシート」

⑥ 「会社説明会アンケート」

■自分で書く書類は「自己PR」

第1次面接に進めるか否かは「自分で書く書類」の出来にかかっている。「履歴書」と「エントリーシート」は会社説明会に行く前に準備しておくもの。「会社説明会アンケート」は説明会の際に書き，その場で提出する書類だ。

01 履歴書とエントリーシートの違い

Webエントリーを受け付けている企業に資料請求をすると，資料と一緒に「エントリーシート」が送られてくるので，応募サイトのフォームやメールでエントリーシートを送付する。Webエントリーを行っていない企業には，ハガキやメールで資料請求をする必要があるが，「エントリーシート」は履歴書とは異なり，企業が設定した設問に対して回答するもの。すなわちこれが「1次試験」であり，これにパスをした人だけが会社説明会に呼ばれる。

■字はていねいに

字を書くところから，その企業に対する"本気度"は測られている。

■誤字，脱字は厳禁

使用するのは，黒のインク。

■修正液使用は不可

■数字は算用数字

■自分の広告を作るつもりで書く

自分はこういう人間であり，何がしたいかということを簡潔に書く。メリットになることだけで良い。自分に損になるようなことを書く必要はない。

■「やる気」を示す具体的なエピソードを

「私はやる気があります」「私は根気があります」という抽象的な表現だけではNG。それを示すエピソードのようなものを書かなくては意味がない。

Point

自己紹介欄の項目はすべて「自己PR」。自分はこういう人間であることを印象づけ，それがさらに企業への「志望動機」につながっていくような書き方をする。

---

column　履歴書やエントリーシートは，共通でもいい？

「履歴書」や「エントリーシート」は企業によって書き分ける。業種はもちろん，同じ業界の企業であっても求めている人材が違うからだ。各書類は提出前にコピーを取り，さらに出した企業名を忘れずに書いておくことも大切だ。

写真	スナップ写真は不可。 スーツ着用で，胸から上の物を使用する。ポイントは「清潔感」。 氏名・大学名を裏書きしておく。
日付	郵送の場合は投函する日，持参する場合は持参日の日付を記入する。
生年月日	西暦は避ける。元号を省略せずに記入する。
氏名	戸籍上の漢字を使う。印鑑押印欄があれば忘れずに押す。
住所	フリガナ欄がカタカナであればカタカナで，平仮名であれば平仮名で記載する。
学歴	最初の行の中央部に「学□□歴」と2文字程度間隔を空けて，中学校卒業から大学（卒業・卒業見込み）まで記入する。 中途退学の場合は，理由を簡潔に記載する。留年は記入する必要はない。 職歴がなければ，最終学歴の一段下の行の右隅に，「以上」と記載する。
職歴	最終学歴の一段下の行の中央部に「職□□歴」と2文字程度間隔を空け記入する。 「株式会社」や「有限会社」など，所属部門を省略しないで記入する。 「同上」や「〃」で省略しない。 最終職歴の一段下の行の右隅に，「以上」と記載する。
資格・免許	4級以下は記載しない。学習中のものも記載して良い。 「普通自動車第一種運転免許」など，省略せずに記載する。
趣味・特技	具体的に（例：読書でもジャンルや好きな作家を）記入する。
志望理由	その企業の強みや良い所を見つけ出したうえで，「自分の得意な事」がどう活かせるかなどを考えぬいたものを記入する。
自己PR	応募企業の事業内容や職種にリンクするような，自分の経験やスキルなどを記入する。
本人希望欄	面接の連絡方法，希望職種・勤務地などを記入する。「特になし」や空白はNG。
家族構成	最初に世帯主を書き，次に配偶者，それから家族を祖父母，兄弟姉妹の順に。続柄は，本人から見た間柄。兄嫁は，義姉と書く。
健康状態	「良好」が一般的。

01 エントリーシートの目的

・応募者を，決められた採用予定者数に絞り込むこと
・面接時の資料にする
の2つ。

■知りたいのは職務遂行能力

採用担当者が学生を見る場合は,「こいつは与えられた仕事をこなせるかどう
か」という目で見ている。企業に必要とされているのは仕事をする能力なのだ。

Point

質問に忠実に，"自分がいかにその会社の求める人材に当てはまるか"を
丁寧に答えること。

02 効果的なエントリーシートの書き方

■情報を伝える書き方

課題をよく理解していることを相手に伝えるような気持ちで書く。

■文章力

大切なのは全体のバランスが取れているか。書く前に，何をどれくらいの字
数で収めるか計算しておく。

「起承転結」でいえば，「起」は，文章を起こす導入部分。「承」は，起を受け
て，その提起した問題に対して承認を求める部分。「転」は，自説を展開する
部分。もっともオリジナリティが要求される。「結」は,最後の締めの結論部分。
文章の構成・まとめる力で，総合的な能力が高いことをアピールする。

エントリーシートでよく取り上げられる題材と，その出題意図

　エントリーシートで求められるものは，「自己PR」「志望動機」「将来どうなりたいか（目指すこと）」の3つに大別される。

1.「自己PR」

　自己分析にしたがって作成していく。重要なのは，「なぜそうしようと思ったか？」「○○をした結果，何が変わったのか？何を得たのか？」という "連続性" が分かるかどうかがポイント。

2.「志望動機」

　自己PRと一貫性を保ち，業界志望理由と企業志望理由を差別化して表現するように心がける。志望する業界の強みと弱み，志望企業の強みと弱みの把握は基本。

3.「将来の展望」

　どんな社員を目指すのか，仕事へはどう臨もうと思っているか，目標は何か，などが問われる。仕事内容を事前に把握しておくだけでなく，5年後の自分，10年後の自分など，具体的な将来像を描いておくことが大切。

表現力，理解力のチェックポイント

❏文法，語法が正しいかどうか
❏論旨が論理的で一貫しているかどうか
❏1センテンスが簡潔かどうか
❏表現が統一されているかどうか（「です，ます」調か「だ，である」調か）

01 個人面接

●自由面接法

　面接官と受験者のキャラクターやその場の雰囲気，質問と応答の進行具合などによって雑談形式で自由に進められる。

●標準面接法

　自由面接法とは逆に，質問内容や評価の基準などがあらかじめ決まっている。実際には自由面接法と併用で，おおまかな質問事項や判定基準，評価ポイントを決めておき，質疑応答の内容上の制限を緩和しておくスタイルが一般的。1次面接などでは標準面接法をとり，2次以降で自由面接法をとる企業も多い。

●非指示面接法

　受験者に自由に発言してもらい，面接官は話題を引き出したりするときなど，最小限の質問をするという方法。

●圧迫面接法

　わざと受験者の精神状態を緊張させ，受験者がどのような応答をするかを観察し，判定する。受験者は，冷静に対応することが肝心。

02 集団面接

　面接の方法は個人面接と大差ないが，面接官がひとつの質問をして，受験者が順にそれに答えるという方法と，面接官が司会役になって，座談会のような形式で進める方法とがある。

　座談会のようなスタイルでの面接は，なるべく受験者全員が関心をもっているような話題を取りあげ，意見を述べさせるという方法。この際，司会役以外の面接官は一言も発言せず，判定・評価に専念する。

　グループディスカッション（以下，GD）の時間は30～60分程度，1グループの人数は5～10人程度で，司会は面接官が行う場合や，時間を決めて学生が交替で行うことが多い。面接官は内容については特に指示することはなく，受験者がどのようにGDを進めるかを観察する。

　評価のポイントは，全体的には理解力，表現力，指導性，積極性，協調性など，個別的には性格，知識，適性などが観察される。

　GDの特色は，集団の中での個人ということで，受験者の能力がどの程度のものであるか，また，どのようなことに向いているかを判定できること。受験者は，グループの中における自分の位置を面接官に印象づけることが大切だ。

グループディスカッション方式の面接におけるチェックポイント

- ❑全体の中で適切な論点を提供できているかどうか。
- ❑問題解決に役立つ知識を持っているか，また提供できているかどうか。
- ❑もつれた議論を解きほぐし，的はずれの議論を元に引き戻す努力をしているかどうか。
- ❑グループ全体としての目標をいつも考えているかどうか。
- ❑感情的な対立や攻撃をしかけているようなことはないか。
- ❑他人の意見に耳を傾け，よい意見には賛意を表し，それを全体に推し広げようという寛大さがあるかどうか。
- ❑議論の流れを自然にリードするような主導性を持っているかどうか。
- ❑提出した意見が議論の進行に大きな影響を与えているかどうか。

04 面接時の注意点

●控え室

　控え室には，指定された時間の15分前には入室しよう。そこで担当の係から，面接に際しての注意点や手順の説明が行われるので，疑問点は積極的に聞くようにし，心おきなく面接にのぞめるようにしておこう。会社によっては，所定のカードに必要事項を書き込ませたり，お互いに自己紹介をさせたりする場合もある。また，この控え室での行動も細かくチェックして，合否の資料にしている会社もある。

●入室・面接開始

係員がドアの開閉をしてくれる場合もあるが，それ以外は軽くノックして入室し，必ずドアを閉める。そして入口近くで軽く一礼し，面接官か補助員の「どうぞ」という指示で正面の席に進み，ここで再び一礼をする。そして，学校名と氏名を名のって静かに着席する。着席時は，軽く椅子にかけるようにする。

●面接終了と退室

面接の終了が告げられたら，椅子から立ち上がって一礼し，椅子をもとに戻して，面接官または係員の指示を受けて退室する。

その際も，ドアの前で面接官のほうを向いて頭を下げ，静かにドアを開閉する。控え室に戻ったら，係員の指示を受けて退社する。

05 面接試験の評定基準

●協調性

企業という「集団」では，他人との協調性が特に重視される。

感情や態度が円満で調和がとれていること，極端に好悪の情が激しくなく，物事の見方や考え方が穏健で中立であることなど，職場での人間関係を円滑に進めていくことのできる人物かどうかが評価される。

●話し方

外観印象的には，言語の明瞭さや応答の態度そのものがチェックされる。小さな声で自信のない発言，乱暴野卑な発言は減点になる。

考えをまとめたら，言葉を選んで話すくらいの余裕をもって，真剣に応答しようとする姿勢が重視される。軽率な応答をしたり，まして発言に矛盾を指摘されるような事態は極力避け，もしそのような状況になりそうなときは，自分の非を認めてはっきりと謝るような態度を示すべき。

●好感度

実社会においては，外観による第一印象が，人間関係や取引に大きく影響を及ぼす。

「フレッシュな爽やかさ」に加え，入社志望など，自分の意思や希望をより明確にすることで，強い信念に裏づけられた姿勢をアピールできるよう努力したい。

●判断力

何を質問されているのか，何を答えようとしているのか，常に冷静に判断していく必要がある。

●表現力

話に筋道が通り理路整然としているか，言いたいことが簡潔に言えるか，話し方に抑揚があり聞く者に感銘を与えるか，用語が適切でボキャブラリーが豊富かどうか。

●積極性

活動意欲があり，研究心旺盛であること，進んで物事に取り組み，創造的に解決しようとする意欲が感じられること，話し方にファイトや情熱が感じられること，など。

●計画性

見通しをもって順序よく合理的に仕事をする性格かどうか，またその能力の有無。企業の将来性のなかに，自分の将来をどうかみ合わせていこうとしているか，現在の自分を出発点として，何を考え，どんな仕事をしたいのか。

●安定性

情緒の安定は，社会生活に欠くことのできない要素。自分自身をよく知っているか，他の人に流されない信念をもっているか。

●誠実性

自分に対して忠実であろうとしているか，物事に対してどれだけ誠実な考え方をしているか。

●社会性

企業は集団活動なので，自分の考えに固執したり，不平不満が多い性格は向かない。柔軟で適応性があるかどうか。

清潔感や明朗さ，若々しさといった**外観面も重視される**。

06 面接試験の質問内容

1. 志望動機

受験先の概要や事業内容はしっかりと頭の中に入れておく。また，その企業の企業活動の社会的意義と，自分自身の志望動機との関連を明確にしておく。「安定している」「知名度がある」「将来性がある」といった利己的な動機，「自

分の性格に合っている」というような，あいまいな動機では説得力がない。安定性や将来性は，具体的にどのような企業努力によって支えられているのかという考察も必要だし，それに対する受験者自身の評価や共感なども問われる。

　①どうしてその業種なのか

　②どうしてその企業なのか

　③どうしてその職種なのか

　以上の①～③と，自分の性格や資質，専門などとの関連性を説明できるようにしておく。

　自分がどうしてその会社を選んだのか，どこに大きな魅力を感じたのかを，できるだけ具体的に，情熱をもって語ることが重要。自分の長所と仕事の適性を結びつけてアピールし，仕事のやりがいや仕事に対する興味を述べるのもよい。

■複数の企業を受験していることは言ってもいい？

　同じ職種，同じ業種で何社かかけもちしている場合，正直に答えてもかまわない。しかし，「第一志望はどこですか」というような質問に対して，正直に答えるべきかどうかというと，やはりこれは疑問がある。どんな会社でも，他社を第一志望にあげられれば，やはり愉快には思わない。

　また，職種や業種の異なる会社をいくつか受験する場合も同様で，極端に性格の違う会社をあげれば，その矛盾を突かれるのは必至だ。

2. 仕事に対する意識・職業観

　採用試験の段階では，次年度の配属予定が具体的に固まっていない会社もかなりある。具体的に職種や部署などを細分化して募集している場合は別だが，そうでない場合は，希望職種をあまり狭く限定しないほうが賢明。どの業界においても，採用後，新入社員には，研修としてその会社の各セクションをひと通り経験させる企業は珍しくない。そのうえで，具体的な配属計画を検討するのだ。

　大切なことは，就職や職業というものを，自分自身の生き方の中にどう位置づけるか，また，自分の生活の中で仕事とはどういう役割を果たすのかを考えてみること。つまり自分の能力を活かしたい，社会に貢献したい，自分の存在価値を社会的に実現してみたい，ある分野で何か自分の力を試してみたい……，などの場合を考え，それを自分自身の人生観，志望職種や業種などとの関係を考えて組み立ててみる。自分の人生観をもとに，それを自分の言葉で表現できるようにすることが大切。

3. 自己紹介・自己PR

性格そのものを簡単に変えたり，欠点を克服したりすることは実際には難しいが，"仕方がない"という姿勢を見せることは禁物で，どんなささいなことでも，努力している面をアピールする。また一般的にいって，専門職を除けば，就職時になんらかの資格や技能を要求する企業は少ない。

ただ，資格をもっていれば採用に有利とは限らないが，専門性を要する業種では考慮の対象とされるものもある。たとえば英検，簿記など。

企業が学生に要求しているのは，4年間の勉学を重ねた学生が，どのように仕事に有用であるかということで，学生の知識や学問そのものを聞くのが目的ではない。あくまで，社会人予備軍としての謙虚さと素直さを失わないようにする。

知識や学力よりも，その人の人間性，ビジネスマンとしての可能性を重視するからこそ，面接担当者は，学生生活全般について尋ねることで，書類だけでは分からない人間性を探ろうとする。

何かうち込んだものや思い出に残る経験などは，その人の人間的な成長になんらかの作用を及ぼしているものだ。どんな経験であっても，そこから受けた印象や教訓などは，明確に答えられるようにしておきたい。

4. 一般常識・時事問題

一般常識・時事問題については筆記試験の分野に属するが，面接でこうしたテーマがもち出されることも珍しくない。受験者がどれだけ社会問題に関心をもっているか，一般常識をもっているか，また物事の見方・考え方に偏りがないかなどを判定する。知識や教養だけではなく，一問一答の応答を通じて，その人の性格や適応能力まで判断されることになる。

07 面接に向けての事前準備

■面接試験1カ月前までには万全の準備をととのえる

●志望会社・職種の研究

新聞の経済欄や経済雑誌などのほか，会社年鑑，株式情報など書物による研究をしたり，インターネットにあがっている企業情報や，検索によりさまざまな角度から調べる。すでにその会社へ就職している先輩や知人に会って知識を得たり，大学のキャリアセンターへ情報を求めるなどして総合的に判断する。

■専攻科目の知識・卒論のテーマなどの整理

大学時代にどれだけ勉強してきたか，専攻科目や卒論のテーマなどを整理しておく。

■時事問題に対する準備

毎日欠かさず新聞を読む。志望する企業の話題は，就職ノートに整理するなどもアリ。

面接当日の必需品

- ❑必要書類（履歴書，卒業見込証明書，成績証明書，健康診断書，推薦状）
- ❑学生証
- ❑就職ノート（志望企業ファイル）
- ❑印鑑，朱肉
- ❑筆記用具（万年筆，ボールペン，サインペン，シャープペンなど）
- ❑手帳，ノート
- ❑地図（訪問先までの交通機関などをチェックしておく）
- ❑現金（小銭も用意しておく）
- ❑腕時計（オーソドックスなデザインのもの）
- ❑ハンカチ，ティッシュペーパー
- ❑くし，鏡（女性は化粧品セット）
- ❑シューズクリーナー
- ❑ストッキング
- ❑折りたたみ傘（天気予報をチェックしておく）
- ❑携帯電話，充電器

■一般常識試験

> 社会人として企業活動を行ううえで最低限必要となる一般常識のほか，
> 英語，国語，社会(時事問題)，数学などの知識の程度を確認するもの。

　難易度はおおむね中学・高校の教科書レベル。一般常識の問題集を1冊やっておけばよいが，業界によっては専門分野が出題されることもあるため，必ず志望する企業のこれまでの試験内容は調べておく。

■一般常識試験の対策

・英語　慣れておくためにも，教科書を復習する，英字新聞を読むなど。

・国語　漢字，四字熟語，反対語，同音異義語，ことわざをチェック。

・時事問題　新聞や雑誌，テレビ，ネットニュースなどアンテナを張っておく。

■適性検査

　SPI（Synthetic Personality Inventory）試験（SPI3試験）とも呼ばれ，能力テストと性格テストを合わせたもの。

　能力テストでは国語能力を測る「言語問題」と，数学能力を測る「非言語問題」がある。言語的能力，知覚能力，数的能力のほか，思考・推理能力，記憶力，注意力などの問題で構成されている。

　性格テストは「はい」か「いいえ」で答えていく。仕事上の適性と性格の傾向などが一致しているかどうかをみる。

> SPIは職務への適応性を客観的にみるためのもの。

STEP7 論作文の書き方

01 「論文」と「作文」

　一般に「論文」はあるテーマについて自分の意見を述べ，その論証をする文章で，必ず意見の主張とその論証という2つの部分で構成される。問題提起と論旨の展開，そして結論を書く。

　「作文」は，一般的には感想文に近いテーマ，たとえば「私の興味」「将来の夢」といったものがある。

　就職試験では「論文」と「作文」を合わせた"論作文"とでもいうようなものが出題されることが多い。

　論作文試験とは，「文章による面接」。テーマに書き手がどういう態度を持っているかを知ることが，出題の主な目的だ。受験者の知識・教養・人生観・社会観・職業観，そして将来への希望などが，どのような思考を経て，どう表現されているかによって，企業にとって，必要な人物かどうかを判断している。

　論作文の場合には，書き手の社会的意識や考え方に加え，「感銘を与える」働きが要求される。就職活動とは，企業に対し「自分をアピールすること」だということを常に念頭に置いておきたい。

Point

論文と作文の違い

	論　文	作　文
テーマ	学術的・社会的・国際的なテーマ。時事，経済問題など	個人的・主観的なテーマ。人生観，職業観など
表現	自分の意見や主張を明確に述べる。	自分の感想を述べる。
展開	四段型（起承転結）の展開が多い。	三段型（はじめに・本文・結び）の展開が多い。
文体	「だ調・である調」のスタイルが多い。	「です調・ます調」のスタイルが多い。

・テーマ

与えられた課題（テーマ）を，受験者はどのように理解しているか。

出題されたテーマの意義をよく考え，それに対する自分の意見や感情が，十分に整理されているかどうか。

・表現力

課題について本人が感じたり，考えたりしたことを，文章で的確に表しているか。

・字・用語・その他

かなづかいや送りがなが合っているか，文中で引用されている格言やことわざの類が使用法を間違えていないか，さらに誤字・脱字に至るまで，文章の基本的な力が受験者の人柄ともからんで厳密に判定される。

・オリジナリティ

魅力がある文章とは，オリジナリティを率直に出すこと。自分の感情や意見を，自分の言葉で表現する。

・生活態度

文章は，書き手の人格や人柄を映し出す。平素の社会的関心や他人との協調性，趣味や読書傾向はどうであるかといった，受験者の日常における生き方，生活態度がみられる。

・字の上手・下手

できるだけ読みやすい字を書く努力をする。また，制限字数より文章が長くなって原稿用紙の上下や左右の空欄に書き足したりすることは避ける。消しゴムで消す場合にも，丁寧に。

いずれの場合でも，表面的な文章力を問うているのではなく，受験者の人柄のほうを重視している。

マナーチェックリスト

就活において企業の人事担当は，面接試験やOG／OB訪問，そして面接試験において，あなたのマナーや言葉遣いといった，「常識力」をチェックしている。現在の自分はどのくらい「常識力」が身についているかをチェックリストで振りかえり，何ができて，何ができていないかを明確にしたうえで，今後の取り組みに生かしていこう。

評価基準　5：大変良い　4：やや良い　3：どちらともいえない　2：やや悪い　1：悪い

	項　目	評　価	メ　モ
挨拶	明るい笑顔と声で挨拶をしているか		
	相手を見て挨拶をしているか		
	相手より先に挨拶をしているか		
	お辞儀を伴った挨拶をしているか		
	直接の応対者でなくても挨拶をしているか		
表情	笑顔で応対しているか		
	表情に私的感情がでていないか		
	話しかけやすい表情をしているか		
	相手の話は真剣な顔で聞いているか		
身だしなみ	前髪は目にかかっていないか		
	髪型は乱れていないか／長い髪はまとめているか		
	髭の剃り残しはないか／化粧は健康的か		
	服は汚れていないか／清潔に手入れされているか		
	機能的で職業・立場に相応しい服装をしているか		
	華美なアクセサリーはつけていないか		
	爪は伸びていないか		
	靴下の色は適当か／ストッキングの色は自然な肌色か		
	靴の手入れは行き届いているか		
	ポケットに物を詰めすぎていないか		

項　目	評　価	メ　モ
言葉遣い 専門用語を使わず，相手にわかる言葉で話しているか		
状況や相手に相応しい敬語を正しく使っているか		
相手の聞き取りやすい音量・速度で話しているか		
語尾まで丁寧に話しているか		
気になる言葉癖はないか		
動作 物の授受は両手で丁寧に実施しているか		
案内・指し示し動作は適切か		
キビキビとした動作を心がけているか		
心構え 勤務時間・指定時間の5分前には準備が完了しているか		
心身ともに健康管理をしているか		
仕事とプライベートの切替えができているか		

☑ 常に自己点検をするクセをつけよう

「人を表情やしぐさ，身だしなみなどの見かけで判断してはいけない」と一般にいわれている。確かに，人の個性は見かけだけではなく，内面においても見いだされるもの。しかし，私たちは人を第一印象である程度決めてしまう傾向がある。それが面接試験など初対面の場合であればなおさらだ。したがって，チェックリストにあるような挨拶，表情，身だしなみ等に注意して面接試験に臨むことはとても重要だ。ただ，これらは面接試験前にちょっと対策したからといって身につくようなものではない。付け焼き刃的な対策をして面接試験に臨んでも，面接官はあっという間に見抜いてしまう。日頃からチェックリストにあるような項目を意識しながら行動することが大事であり，そうすることで，最初はぎこちない挨拶や表情等も，その人の個性に応じたすばらしい所作へ変わっていくことができるのだ。さっそく，本日から実行してみよう。

面接試験において，印象を決定づける表情はとても大事。
どのようにすれば感じのいい表情ができるのか，ポイントを確認していこう。

明るく,温和で
柔らかな表情をつくろう

人間関係の潤滑油

表情に関しては，まずは豊かである
ということがベースになってくる。う
れしい表情，困った表情，驚いた表
情など，さまざまな気持ちを表現で
きるということが，人間関係を潤いの
あるものにしていく。

Point

　表情はコミュニケーションの大前提。相手に「いつでも話しかけてくださ
いね」という無言の言葉を発しているのが，就活に求められる表情だ。面接
官が安心してコミュニケーションをとろうと思ってくれる表情。それが，明
るく，温和で柔らかな表情となる。

カンタンTraining

Training 01

喜怒哀楽を表してみよう

- 人との出会いを楽しいと思うことが表情の基本
- 表情を豊かにする大前提は相手の気持ちに寄り添うこと
- 目元・口元だけでなく，眉の動きを意識することが大事

Training 02

表情筋のストレッチをしよう

- 表情筋は「ウイスキー」の発音によって鍛える
- 意識して毎日，取り組んでみよう
- 笑顔の共有によって相手との距離が縮まっていく

コミュニケーションは挨拶から始まり，その挨拶ひとつで印象は変わるもの。ポイントを確認していこう。

丁寧にしっかりと
はっきり挨拶をしよう

人間関係の第一歩

挨拶は心を開いて，相手に近づくコミュニケーションの第一歩。たかが挨拶，されど挨拶の重要性をわきまえて，きちんとした挨拶をしよう。形，つまり"技"も大事だが，心をこめることが最も重要だ。

Point

　挨拶はコミュニケーションの第一歩。相手が挨拶するのを待っているのは望ましくない。挨拶の際のポイントは丁寧であることと，はっきり声に出すことの2つ。丁寧な挨拶は，相手を大事にして迎えている気持ちの表れとなる。はっきり声に出すことで，これもきちんと相手を迎えていることが伝わる。また，相手もその応答として挨拶してくれることで，会ってすぐに双方向のコミュニケーションが成立する。

いますぐデキる
カンタンTraining

Training 01

３つのお辞儀をマスターしよう

① 会釈（15度）　　② 敬礼（30度）　　③ 最敬礼（45度）

・息を吸うことを意識してお辞儀をするとキレイな姿勢に
・目線は真下ではなく，床前方1.5m先ぐらいを見よう
・相手への敬意を忘れずに

Training 02

対面時は言葉が先，お辞儀が後

・相手に体を向けて先に自ら挨拶をする
・挨拶時，相手とアイコンタクトを
　しっかり取ろう
・挨拶の後に，お辞儀をする。
　これを「語先後礼」という

コミュニケーションは「話す」よりも「聞く」ことといわれる。相手が話しやすい聞き方の，ポイントを確認しよう。

受容の立場で
傾聴しよう

相手の話を受けとめる

話を聞くときは，やや前に傾く姿勢をとる。表情と姿勢が合わさることにより，話し手の心が開き「あれも，これも話そう」という気持ちになっていく。また，「はい」と一度のお辞儀で頷くと相手の話を受け止めているというメッセージにつながる。

Point

　話をすること，話を聞いてもらうことは誰にとってもプレッシャーを伴うもの。そのため，「何でも話して良いんですよ」「何でも話を聞きますよ」「心配しなくて良いんですよ」という気持ちで聞くことが大切になる。その気持ちが聞く姿勢に表れれば，相手は安心して話してくれる。

カンタンTraining

Training 01

頷きは一度で

- 相手が話した後に「はい」と
  一言発する
- 頷きすぎは逆効果

Training 02

目線は自然に

- 鼻の付け根あたりを見ると
  自然な印象に
- 目を見つめすぎるのはNG

Training 03

話の句読点で視線を移す

- 視線は話している人を見ることが基本
- 複数の人の話を聞くときは句読点を意識し，
  視線を振り分けることで聞く姿勢を表す

STEP4 伝わる話し方

自分の意思を相手に明確に伝えるためには，話し方が重要となる。はっきりと的確に話すためのポイントを確認しよう。

明るい発声を心がけよう

ボリュームを意識して

話すときのポイントとしては，ボリュームを意識することが挙げられる。会議室の一番奥にいる人に声が届くように意識することで，声のボリュームはコントロールされていく。

Point

コミュニケーションとは「伝達」すること。どのようなことも，適当に伝えるのではなく，伝えるべきことがきちんと相手に届くことが大切になる。そのためには，はっきりと，分かりやすく，丁寧に，心を込めて話すこと。言葉だけでなく，表情やジェスチャーを加えることも有効。

いますぐデキる
カンタンTraining

Training 01
腹式呼吸で発声練習

- 「あえいうえおあお」と発声する
- 腹式呼吸は，胸部をなるべく動かさずに，息を吸うときにお腹や腰が膨らむよう意識する呼吸法

Training 02
早口言葉にチャレンジ

おあやや
母親に
お謝り

- 「おあやや，母親に，お謝り」と早口で
- 口がすぼまった「お」と口が開いた「あ」の発音に，変化をつけられるかがポイント

Training 03
ジェスチャーを有効活用

- 腰より上でジェスチャーをする
- 体から離した位置に手をもっていく
- ジェスチャーをしたら戻すところをさだめておく

身だしなみはその人自身を表すもの。身だしなみの基本について，ポイントを
確認しよう。

清潔感，さわやかさを
醸し出せるようにしよう

プロの企業人に
ふさわしい身だしなみを

信頼感，安心感をもたれる身だしな
みを考えよう。TPOに合わせた服装は，
すなわち"礼"を表している。そして，
身だしなみには，「清潔感」，「品のよさ」，
「控え目である」という，3つのポイ
ントがある。

Point

相手との心理的な距離や物理的な距離が遠ければ，コミュニケーションは
成立しにくくなる。見た目が不潔では誰も近付いてこない。身だしなみが
清潔であること，爽やかであることは相手との距離を縮めることにも繋がる。

いますぐデキる
カンタンTraining

Training 01

髪型，服装を整えよう

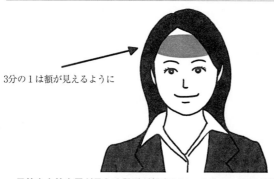

3分の1は額が見えるように

- 男性も女性も眉が見える髪型が望ましい。3分の1は額が見えるように。額は知性と清潔感を伝える場所。男性の髪の長さは耳や襟にかからないように
- スーツで相手の前に立つときは，ボタンはすべて留める。男性の場合は下のボタンは外す

Training 02

おしゃれとの違いを明確に

- 爪はできるだけ切りそろえる
- 爪の中の汚れにも注意
- ジェルネイル，ネイルアートはNG

Training 03

足元にも気を配って

- 女性の場合はパンプス，男性の場合は黒の紐靴が望ましい
- 靴はこまめに汚れを落とし見栄えよく

姿勢にはその人の意欲が反映される。前向き，活動的な姿勢を表すにはどうしたらよいか，ポイントを確認しよう。

前向き,活動的な 姿勢を維持しよう

一直線と左右対称

正しい立ち姿として，耳，肩，腰，くるぶしを結んだ線が一直線に並んでいることが最大のポイントになる。そのラインが直線に近づくほど立ち姿がキレイに整っていることになる。また，"左右対称"というのもキレイな姿勢の要素のひとつになる。

Point

　姿勢は，身体と心の状態を反映するもの。そのため，良い姿勢でいることは，印象が清々しいだけでなく，健康で元気そうに見え，話しかけやすさにも繋がる。歩く姿勢，立つ姿勢，座る姿勢など，どの場面にも心身の健康状態が表れるもの。日頃から心身の健康状態に気を配り，フィジカルとメンタル両面の自己管理を心がけよう。

いますぐデキる
カンタンTraining

Training **01**

キレイな歩き方を心がけよう

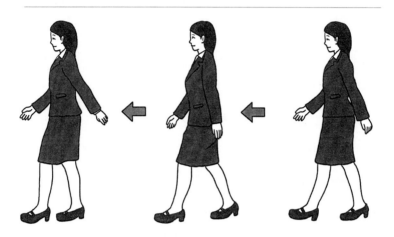

・女性は1本の線上を，男性はそれよりも太い線上を沿うように歩く
・一歩踏み出したときに前の足に体重を乗せるように，腰から動く
・12時の方向につま先をもっていく

Training **02**

前向きな気持ちを持とう

・常に前向きな気持ちが姿勢を正す
・ポジティブ思考を心がけよう

言葉遣いの正しさはとは，場面にあった言葉を遣うということ。相手を気づかいながら，言葉を選ぶことで，より正しい言葉に近づいていく。

相手と場面に合わせた
ふさわしい言葉遣いを

次の文は接客の場面でよくある間違えやすい敬語です。
それぞれの言い方は○×どちらでしょうか。

問1 「資料をご拝読いただきありがとうございます」

問2 「こちらのパンフレットはもういただかれましたか？」

問3 「恐れ入りますが，こちらの用紙にご記入してください」

問4 「申し訳ございませんが，来週，休ませていただきます」

問5 「先ほどの件，帰りましたら上司にご報告いたしますので」

Point

　ビジネスのシーンに敬語は欠くことができない。何度もやり取りをしていく中で，親しさの度合いによっては，あえてくだけた表現を用いることもあるが，「親しき仲にも礼儀あり」と言われるように，敬意や心づかいをおろそかにしてはいけないもの。相手に誤解されたり，相手の気分を壊すことのないように，相手や場面にふさわしい言葉遣いが大切になる。

問1 （×） ○正しい言い換え例

→「ご覧いただきありがとうございます」など

「拝読」は自分が「読む」意味の謙譲語なので，相手の行為に使うのは誤り。読むと見るは同義なため，多く，見るの尊敬語「ご覧になる」が用いられる。

問2 （×） ○正しい言い換え例

→「お持ちですか」「お渡ししましたでしょうか」 など

「いただく」は，食べる・飲む・もらうの謙譲語。「もらったかどうか」と聞きたいのだから，「おもらいになりましたか」と言えないこともないが，持っているかどうか，受け取ったかどうかという意味で「お持ちですか」などが使われることが多い。また，自分側が渡すような場合は，「お渡しする」を使って「お渡ししましたでしょうか」などの言い方に換えることもできる。

問3 （×） ○正しい言い換え例

→「恐れ入りますが，こちらの用紙にご記入ください」など

「ご記入する」の「お（ご）～する」は謙譲語の形。相手の行為を謙譲語で表すことになるため誤り。「して」を取り除いて「ご記入ください」か，和語に言い換えて「お書きください」とする。ほかにも「お書き／ご記入・いただけますでしょうか・願います」などの表現もある。

問4 （△）

有給休暇を取る場合や，弔事等で休むような場面で，用いられることも多い。「休ませていただく」ということで一見丁寧に響くが，「来週休むと自分で休みを決めている」という勝手な表現にも受け取られかねない言葉だ。ここは同じ「させていただく」を用いても，相手の都合をうかがう言い方に換えて「○○がございまして，申し訳ございませんが，休みをいただいてもよろしいでしょうか」などの言い換えが好ましい。

問5 （×） ○正しい言い換え例

→「上司に報告いたします」

「ご報告いたします」は，ソトの人との会話で使うとするならば誤り。「ご報告いたします」の「お・ご～いたす」は，「お・ご～する」と「～いたす」という2つの敬語を含む言葉。そのうちの「お・ご～する」は，主語である自分を低めて相手＝上司を高める働きをもつ表現（謙譲語Ⅰ）。一方「～いたす」は，主語の私を低めて，話の聞き手に対して丁重に述べる働きをもつ表現（謙譲語Ⅱ　丁重語）。「お・ご～する」も「～いたす」も同じ謙譲語であるため紛らわしいが，主語を低める（謙譲）という働きは同じでも，行為の相手を高める働きがあるかないかという点に違いがあるといえる。

敬語は正しく使用することで，相手の印象を大きく変えることができる。尊敬語，謙譲語の区別をはっきりつけて，誤った用法で話すことのないように気をつけよう。

言葉の使い方が
マナーを表す!

■よく使われる尊敬語の形　「言う・話す・説明する」の例

専用の尊敬語型	おっしゃる
～れる・～られる型	言われる・話される・説明される
お（ご）～になる型	お話しになる・ご説明になる
お（ご）～なさる型	お話しなさる・ご説明なさる

■よく使われる謙譲語の形　「言う・話す・説明する」の例

専用の謙譲語型	申す・申し上げる
お（ご）～する型	お話しする・ご説明する
お（ご）～いたす型	お話しいたします・ご説明いたします

Point

　同じ尊敬語・謙譲語でも，よく使われる代表的な形がある。ここではその一例をあげてみた。敬語の使い方に迷ったときなどは，まずはこの形を思い出すことで，大抵の語はこの型にはめ込むことができる。同じ言葉を用いたほうがよりわかりやすいといえるので，同義に使われる「言う・話す・説明する」を例に考えてみよう。

　ほかにも「お話しくださる」や「お話しいただく」「お元気でいらっしゃる」などの形もあるが，まずは表の中の形を見直そう。

なお，尊敬語の中の「言われる」などの「れる・られる」を付けた形は省力している。

基本	尊敬語（相手側）	謙譲語（自分側）
会う	お会いになる	お目にかかる・お会いする
言う	おっしゃる	申し上げる・申す
行く・来る	いらっしゃる おいでになる お見えになる お越しになる お出かけになる	伺う・参る お伺いする・参上する
いる	いらっしゃる・おいでになる	おる
思う	お思いになる	存じる
借りる	お借りになる	拝借する・お借りする
聞く	お聞きになる	拝聴する 拝聞する お伺いする・伺う お聞きする
知る	ご存じ（知っているという意で）	存じ上げる・存じる
する	なさる	いたす
食べる・飲む	召し上がる・お召し上がりになる お飲みになる	いただく・頂戴する
見る	ご覧になる	拝見する
読む	お読みになる	拝読する

「お伺いする」「お召し上がりになる」などは，「伺う」「召し上がる」自体が敬語なので「二重敬語」ですが，慣習として定着しており間違いではないもの。

┌─ Point ─────────────────────────

　上記の「敬語表」は，よく使うと思われる動詞をそれぞれ尊敬語・謙譲語で表したもの。このように大体の言葉は型にあてはめることができる。言葉の中には「お（ご）」が付かないものもあるが，その場合でも「〜なさる」を使って，「スピーチなさる」や「運営なさる」などと言うことができる。また，表では，「言う」の尊敬語「言われる」の例は省いているが，れる・られる型の「言われる」よりも「おっしゃる」「お話しになる」「お話しなさる」などの言い方のほうが，より敬意も高く，言葉としても何となく響きが落ち着くといった印象を受けるものとなる。

└────────────────────────────────

会話は相手があってのこと。いかなる場合でも，相手に対する心くばりを忘れないことが，会話をスムーズに進めるためのコツになる。

心くばりを添えるひと言で
言葉の印象が変わる!

　相手に何かを頼んだり，また相手の依頼を断ったり，相手の抗議に対して反論したりする場面では，いきなり自分の意見や用件を切り出すのではなく，場面に合わせて心くばりを伝えるひと言を添えてから本題に移ると，響きがやわらかくなり，こちらの意向も伝えやすくなる。俗にこれは「クッション言葉」と呼ばれている。(右表参照)

Point

　ビジネスの場面で，相手と話したり手紙やメールを送る際には，何か依頼事があってという場合が多いもの。その場合に「ちょっとお願いなんですが…」では，ふだんの会話と変わりがないものになってしまう。そこを「突然のお願いで恐れ入りますが」「急にご無理を申しまして」「こちらの勝手で恐縮に存じますが」「折り入ってお願いしたいことがございまして」などの一言を添えることで，直接的なきつい感じが和らぐだけでなく，「申し訳ないのだけれど，もしもそうしていただくことができればありがたい」という，相手への配慮や願いの気持ちがより強まる。このような前置きの言葉もうまく用いて，言葉に心くばりを添えよう。

相手の意向を尋ねる場合	「よろしければ」「お差し支えなければ」 「ご都合がよろしければ」「もしお時間がありましたら」 「もしお嫌いでなければ」「ご興味がおありでしたら」
相手に面倒を かけてしまうような場合	「お手数をおかけしますが」 「ご面倒をおかけしますが」 「お手を煩わせまして恐縮ですが」 「お忙しい時に申し訳ございませんが」 「お時間を割いていただき申し訳ありませんが」 「貴重なお時間を頂戴し恐縮ですが」
自分の都合を 述べるような場合	「こちらの勝手で恐縮ですが」 「こちらの都合（ばかり）で申し訳ないのですが」 「私どもの都合ばかりを申しまして，まことに申し訳な く存じますが」 「ご無理を申し上げまして恐縮ですが」
急な話をもちかけた場合	「突然のお願いで恐れ入りますが」 「急にご無理を申しまして」 「もっと早くにご相談申し上げるべきところでございま したが」 「差し迫ってのことでまことに申し訳ございませんが」
何度もお願いする場合	「たびたびお手数をおかけしまして恐縮に存じますが」 「重ね重ね恐縮に存じますが」 「何度もお手を煩わせまして申し訳ございませんが」 「ご面倒をおかけしてばかりで，まことに申し訳ござい ませんが」
難しいお願いをする場合	「ご無理を承知でお願いしたいのですが」 「たいへん申し上げにくいのですが」 「折り入ってお願いしたいことがございまして」
あまり親しくない相手に お願いする場合	「ぶしつけなお願いで恐縮ですが」 「ぶしつけながら」 「まことに厚かましいお願いでございますが」
相手の提案・誘いを断る場合	「申し訳ございませんが」 「（まことに）残念ながら」 「せっかくのご依頼ではございますが」 「たいへん恐縮ですが」 「身に余るお言葉ですが」 「まことに失礼とは存じますが」 「たいへん心苦しいのですが」 「お引き受けしたいのはやまやまですが」
問い合わせの場合	「つかぬことをうかがいますが」 「突然のお尋ねで恐縮ですが」

ここでは文章の書き方における，一般的な敬称について言及している。はがき，手紙，メール等，通信手段はさまざま。それぞれの特性をふまえて有効活用しよう。

相手の気持ちになって 見やすく美しく書こう

■敬称のいろいろ

敬称	使う場面	例
様	職名・役職のない個人	（例）飯田知子様／ご担当者様／経理部長　佐藤一夫様
殿	職名・組織名・役職のある個人（公用文など）	（例）人事部長殿／教育委員会殿／田中四郎殿
先生	職名・役職のない個人	（例）松井裕子先生
御中	企業・団体・官公庁などの組織	（例）○○株式会社御中
各位	複数あてに同一文書を出すとき	（例）お客様各位／会員各位

Point

　封筒・はがきの表書き・裏書きは縦書きが基本だが，洋封筒で親しい人にあてる場合は，横書きでも問題ない。いずれにせよ，定まった位置に，丁寧な文字でバランス良く，正確に記すことが大切。特に相手の住所や名前を乱雑な文字で書くのは，配達の際の間違いを引き起こすだけでなく，受け取る側に不快な思いをさせる。相手の気持ちになって，見やすく美しく書くよう心がけよう。

■各通信手段の長所と短所

	長所	短所	用途
封書	・封を開けなければ本人以外の目に触れることがない。 ・丁寧な印象を受ける。	・多量の資料・画像送付には不向き。 ・相手に届くまで時間がかかる。	・儀礼的な文書(礼状・わび状など) ・目上の人あての文書 ・重要な書類 ・他人に内容を読まれたくない文書
はがき・カード	・封書よりも気軽にやり取りできる。 ・年賀状や季節の便り, 旅先からの連絡など絵はがきとしても楽しむことができる。	・封に入っていないため, 第三者の目に触れることがある。 ・中身が見えるので, 改まった礼状やわび状, こみ入った内容には不向き。 ・相手に届くまで時間がかかる。	・通知状　　　・案内状 ・送り状　　　・旅先からの便り ・各種お祝い　・お礼 ・季節の挨拶
FAX	・手書きの図やイラストを文章といっしょに送れる。 ・すぐに届く。 ・控えが手元に残る。	・多量の資料の送付には不向き。 ・事務的な用途で使われることが多く, 改まった内容の文書, 初対面の人へは不向き。	・地図, イラストの入った文書 ・印刷物（本・雑誌など）
電話	・急ぎの連絡に便利。 ・相手の反応をすぐに確認できる。 ・直接声が聞けるので, 安心感がある。	・連絡できる時間帯が制限される。 ・長々としたこみ入った内容は伝えづらい。	・緊急の用件 ・確実に用件を伝えたいとき
メール	・瞬時に届く。　　・控えが残る。 ・コストが安い。 ・大容量の資料や画像をデータで送ることができる。 ・一度に大勢の人に送ることができる。 ・相手の居場所や状況を気にせず送れる。	・事務的な印象を与えるので, 改まった礼状やわび状には不向き。 ・パソコンや携帯電話を持っていない人には送れない。 ・ウィルスなどへの対応が必要。	・データで送りたいとき ・ビジネス上の連絡

Point

　はがきは手軽で便利だが, おわびやお願い, 格式を重んじる手紙には不向きとなる。この種の手紙は内容もこみ入ったものとなり, 加えて丁寧な文章で書かなければならないので, 数行で済むことはまず考えられない。また, 封筒に入っていないため, 他人の目に触れるという難点もある。このように, はがきにも長所と短所があるため, 使う場面や相手によって, 他の通信手段と使い分けることが必要となる。

　はがき以外にも, 封書・電話・FAX・メールなど, 現代ではさまざまな通信手段がある。上に示したように, それぞれ長所と短所があるので, 特徴を知って用途によって上手に使い分けよう。

社会人のマナーとして，電話応対のスキルは必要不可欠。まずは失礼なく電話に出ることからはじめよう。積極性が重要だ。

相手の顔が見えない分
対応には細心の注意を

■電話をかける場合

---

①　○○先生に電話をする

×「私，□□社の××と言いますが，○○様はおられますでしょうか？」

○「××と申しますが，○○様はいらっしゃいますか？」

「おられますか」は「おる」を謙譲語として使うため，通常は相手がいるかどうかに関しては，「いらっしゃる」を使うのが一般的。

---

②　相手の状況を確かめる

×「こんにちは，××です，先日のですね…」

○「××です，先日は有り難うございました，今お時間よろしいでしょうか？」

相手が忙しくないかどうか，状況を聞いてから話を始めるのがマナー。また，やむを得ず夜間や早朝，休日などに電話をかける際は，「夜分（朝早く）に申し訳ございません」「お休みのところ恐れ入ります」などのお詫びの言葉もひと言添えて話す。

---

③　相手が不在，何時ごろ戻るかを聞く場合

×「戻りは何時ごろですか？」

○「何時ごろお戻りになりますでしょうか？」

「戻り」はそのままの言い方，相手にはきちんと尊敬語を使う。

---

④　また自分からかけることを伝える

×「そうですか，ではまたかけますので」

○「それではまた後ほど（改めて）お電話させていただきます」

戻る時間がわかる場合は，「またお戻りになりましたころにでも」「また午後にでも」などの表現もできる。

① 電話を取ったら

× 「はい，もしもし，○○（社名）ですが」

○ **「はい，○○（社名）でございます」**

② 相手の名前を聞いて

× 「どうも，どうも」

○ **「いつもお世話になっております」**

あいさつ言葉として定着している決まり文句ではあるが，日頃のお付き合いがあってこそ。あいさつ言葉もきちんと述べよう。「お世話様」という言葉も時折耳にするが，敬意が軽い言い方となる。適切な言葉を使い分けよう。

③ 相手が名乗らない

× 「どなたですか？」「どちらさまですか？」

○ **「失礼ですが，お名前をうかがってもよろしいでしょうか？」**

名乗るのが基本だが，尋ねる態度も失礼にならないように適切な応対を心がけよう。

④ 電話番号や住所を教えてほしいと言われた場合

× 「はい，いいでしょうか？」　　× 「メモのご用意は？」

○ **「はい，申し上げます，よろしいでしょうか？」**

「メモのご用意は？」は，一見親切なようにも聞こえるが，尋ねる相手も用意していることがほとんど。押し付けがましくならない程度に。

⑤ 上司への取次を頼まれた場合

× 「はい，今代わります」　　× 「○○部長ですね，お待ちください」

○ **「部長の○○でございますね，ただいま代わりますので，少々お待ちくださいませ」**

○○部長という表現は，相手側の言い方となる。自分側を述べる場合は，「部長の○○」「○○」が適切。

Point

自分から電話をかける場合は，まずは自分の会社名や氏名を名乗るのがマナー。たとえ目的の相手が直接出た場合でも，電話では相手の様子が見えないことがほとんど。自分の勝手な判断で話し始めるのではなく，相手の都合を伺い，そのうえで話を始めるのが社会人として必要な気配りとなる。

デキるオトナをアピール

時候の挨拶

月	漢語調の表現 候，みぎりなどを付けて用いられます	口語調の表現
1月 （睦月）	初春・新春　頌春・ 小寒・大寒・厳寒	皆様におかれましては，よき初春をお迎えのことと存じます／厳しい寒さが続いております／珍しく暖かな寒の入りとなりました／大寒という言葉通りの厳しい寒さでございます
2月 （如月）	春寒・余寒・残寒・ 立春・梅花・向春	立春とは名ばかりの寒さ厳しい毎日でございます／梅の花もちらほらとふくらみ始め，春の訪れを感じる今日この頃です／春の訪れが待ち遠しいこのごろでございます
3月 （弥生）	早春・浅春・春寒・ 春分・春暖	寒さもようやくゆるみ，日ましに春めいてまいりました／ひと雨ごとに春めいてまいりました／日増しに暖かさが加わってまいりました
4月 （卯月）	春暖・陽春・桜花・ 桜花爛漫	桜花爛漫の季節を迎えました／春光うららかな好季節となりました／花冷えとでも申しましょうか，何だか肌寒い日が続いております
5月 （皐月）	新緑・薫風・惜春・ 晩春・立夏・若葉	風薫るさわやかな季節を迎えました／木々の緑が目にまぶしいようでございます／目に青葉，山ほととぎす，初鰹の句も思い出される季節となりました
6月 （水無月）	梅雨・向暑・初夏・ 薄暑・麦秋	初夏の風もさわやかな毎日でございます／梅雨前線が近づいてまいりました／梅雨の晴れ間にのぞく青空は，まさに夏を思わせるようです
7月 （文月）	盛夏・大暑・炎暑・ 酷暑・猛暑	梅雨が明けたとたん，うだるような暑さが続いております／長い梅雨も明け，いよいよ本格的な夏がやってまいりました／風鈴の音がわずかに涼を運んでくれているようです
8月 （葉月）	残暑・晩夏・処暑・ 秋暑	立秋とはほんとうに名ばかりの厳しい暑さの毎日です／残暑たえがたい毎日でございます／朝夕はいくらかしのぎやすくなってまいりました
9月 （長月）	初秋・新秋・爽秋・ 新涼・清涼	九月に入りましてもなお，日差しの強い毎日です／暑さもやっとおとろえはじめたようでございます／残暑も去り，ずいぶんとしのぎやすくなってまいりました
10月 （神無月）	清秋・錦秋・秋涼・ 秋冷・寒露	秋風もさわやかな過ごしやすい季節となりました／街路樹の葉も日ごとに色を増しております／紅葉の便りの開かれるころとなりました／秋深く，日増しに冷気も加わってまいりました
11月 （霜月）	晩秋・暮秋・霜降・ 初霜・向寒	立冬を迎え，まさに冬到来を感じる寒さです／木枯らしの季節になりました／日ごとに冷気が増すようでございます／朝夕はひときわ冷え込むようになりました
12月 （師走）	寒冷・初冬・師走・ 歳晩	師走を迎え，何かと慌ただしい日々をお過ごしのことと存じます／年の瀬も押しつまり，何かとお忙しくお過ごしのことと存じます／今年も残すところわずかとなりました，お忙しい毎日とお察しいたします

いますぐデキる
シチュエーション別会話例

シチュエーション1　　取引先との会話

「非常に素晴らしいお話で感心しました」→NG！

　「感心する」は相手の立派な行為や，優れた技量などに心を動かされるという意味。意味としては間違いではないが，目上の人に用いると，偉そうに聞こえかねない表現。「感動しました」などに言い換えるほうが好ましい。

シチュエーション2　　子どもとの会話

「お母さんは，明日はいますか？」→NG！

　たとえ子どもとの会話でも，子どもの年齢によっては，ある程度の敬語を使うほうが好ましい。「明日はいらっしゃいますか」では，むずかしすぎると感じるならば，「お出かけですか」などと表現することもできる。

シチュエーション3　　同僚との会話

「今，お暇ですか」→NG？

　同じ立場同士なので，暇に「お」が付いた形で「お暇」ぐらいでも構わないともいえるが，「暇」というのは，するべきことも何もない時間という意味。そのため「お暇ですか」では，あまりにも直接的になってしまう。その意味では「手が空いている」→「空いていらっしゃる」→「お手透き」などに言い換えることで，やわらかく敬意も含んだ表現になる。

シチュエーション4　　上司との会話

「なるほどですね」→NG！

　「なるほど」とは，相手の言葉を受けて，自分も同意見であることを表すため，相手の言葉・意見を自分が評価するというニュアンスも含まれている。そのため自分が評価して述べているという偉そうな表現にもなりかねない。同じ同意ならば，頷き「おっしゃる通りです」などの言葉のほうが誤解なく伝わる。

就活スケジュールシート

■年間スケジュールシート

1月	2月	3月	4月	5月	6月
企業関連スケジュール					
自己の行動計画					

就職活動をすすめるうえで，当然重要になってくるのは，自己のスケジュール管理だ。企業の選考スケジュールを把握することも大切だが，自分のペースで進めることになる自己分析や業界・企業研究，面接試験のトレーニング等の計画を立てることも忘れてはいけない。スケジュールシートに「記入」する作業を通して，短期・長期の両方の面から就職試験を考えるきっかけにしよう。

7月	8月	9月	10月	11月	12月
企業関連スケジュール					
自己の行動計画					

●情報提供のお願い●

　就職活動研究会では，就職活動に関する情報を募集しています。

　エントリーシートやグループディスカッション，面接，筆記試験の内容等について情報をお寄せください。ご応募はメールアドレス（edit@kyodo-s.jp）へお願いいたします。お送りくださいました方々には薄謝をさしあげます。

　ご協力よろしくお願いいたします。

会社別就活ハンドブックシリーズ

住友商事の
就活ハンドブック

編　者　就職活動研究会

発　行　令和6年2月25日

発行者　小貫輝雄

発行所　協同出版株式会社

　　　　〒101-0054
　　　　東京都千代田区神田錦町2-5
　　　　　電話　03-3295-1341
　　　　　振替　東京00190-4-94061

印刷所　協同出版・POD工場

落丁・乱丁はお取り替えいたします

●2025年度版●
会社別就活ハンドブックシリーズ
【全111点】

運　輸

東日本旅客鉄道の就活ハンドブック

東海旅客鉄道の就活ハンドブック

西日本旅客鉄道の就活ハンドブック

東京地下鉄の就活ハンドブック

小田急電鉄の就活ハンドブック

阪急阪神 HD の就活ハンドブック

商船三井の就活ハンドブック

日本郵船の就活ハンドブック

機　械

三菱重工業の就活ハンドブック

川崎重工業の就活ハンドブック

IHI の就活ハンドブック

島津製作所の就活ハンドブック

浜松ホトニクスの就活ハンドブック

村田製作所の就活ハンドブック

クボタの就活ハンドブック

金　融

三菱 UFJ 銀行の就活ハンドブック

三菱 UFJ 信託銀行の就活ハンドブック

みずほ FG の就活ハンドブック

三井住友銀行の就活ハンドブック

三井住友信託銀行の就活ハンドブック

野村證券の就活ハンドブック

りそなグループの就活ハンドブック

ふくおか FG の就活ハンドブック

日本政策投資銀行の就活ハンドブック

建設・不動産

三菱地所の就活ハンドブック

三井不動産の就活ハンドブック

積水ハウスの就活ハンドブック

大和ハウス工業の就活ハンドブック

鹿島建設の就活ハンドブック

大成建設の就活ハンドブック

清水建設の就活ハンドブック

資源・素材

旭旭化成グループの就活ハンドブック

東レの就活ハンドブック

ワコールの就活ハンドブック

関西電力の就活ハンドブック

日本製鉄の就活ハンドブック

中部電力の就活ハンドブック

九州電力の就活ハンドブック

自動車

トヨタ自動車の就活ハンドブック

デンソーの就活ハンドブック

本田技研工業の就活ハンドブック

日産自動車の就活ハンドブック

商　社

三菱商事の就活ハンドブック

伊藤忠商事の就活ハンドブック

住友商事の就活ハンドブック

双日の就活ハンドブック

丸紅の就活ハンドブック

豊田通商の就活ハンドブック

三井物産の就活ハンドブック

情報通信・IT

NTT データの就活ハンドブック

サイバーエージェントの就活ハンドブック

NTT ドコモの就活ハンドブック

LINE ヤフーの就活ハンドブック

野村総合研究所の就活ハンドブック

SCSK の就活ハンドブック

日本電信電話の就活ハンドブック

富士ソフトの就活ハンドブック

KDDI の就活ハンドブック

日本オラクルの就活ハンドブック

ソフトバンクの就活ハンドブック

GMO インターネットグループ

楽天の就活ハンドブック

オービックの就活ハンドブック

mixi の就活ハンドブック

DTS の就活ハンドブック

グリーの就活ハンドブック

TIS の就活ハンドブック

食品・飲料

サントリー HD の就活ハンドブック

日本たばこ産業 の就活ハンドブック

味の素の就活ハンドブック

日清食品グループの就活ハンドブック

キリン HD の就活ハンドブック

山崎製パンの就活ハンドブック

アサヒグループ HD の就活ハンドブック

キユーピーの就活ハンドブック

生活用品

資生堂の就活ハンドブック

武田薬品工業の就活ハンドブック

花王の就活ハンドブック

▼会社別就活ハンドブックシリーズにつきましては，協同出版のホームページからもご注文ができます。詳細は下記のサイトでご確認下さい。

https://kyodo-s.jp/examination_company